Um die spannungsreichen Beziehungen zwischen Müttern und Töchtern geht es in diesen Geschichten, um große Nähe und tiefe Verbundenheit, aber auch um Rivalität und Abgrenzung, um Loslassen, Entfremdung und Wieder-Zueinanderfinden, um Liebe, Haß und Mitleid. Zwei Generationen kommen in diesen Erzählungen zu Wort, zwei unterschiedliche Erfahrungswelten, die sich oft weit voneinander entfernt haben. Brüche und Verletzungen sind um so schmerzlicher, je enger die Verbindung, je stärker die Sehnsucht nach unbedingtem Vertrauen und Geborgenheit ist. Das unerschöpfliche Thema Mutter und Tochter ist hier in psychologisch schlüssigen Szenen verdichtet. Die doppelte weibliche Perspektive macht einen besonderen Reiz dieser Geschichten aus. Es sind Variationen von bestürzender Wirklichkeitsnähe und innerer Dramatik.
Die Journalistin Maria Frisé hat sich auch mit Kurzgeschichten einen Namen gemacht. Unpathetisch und doch nicht ohne Anteilnahme vermittelt sie Einblicke in unsere Wirklichkeit.

Maria Frisé, geboren 1926 in Schlesien, verheiratet, drei Söhne und neun Enkel. Bis 1991 Redakteurin im Feuilleton der »Frankfurter Allgemeinen Zeitung«. Sie lebt in Bad Homburg. Buchveröffentlichungen: »Hühnertag und andere Geschichten«, »Erbarmen mit den Männern«, »Montagsmänner und andere Frauengeschichten«, »Auskünfte über das Leben zu zweit«, »Eine schlesische Kindheit«, »Allein – mit Kind«.

Maria Frisé

WIE DU UND GANZ ANDERS

Mutter-Tochter-Geschichten

Fischer Taschenbuch Verlag

Die Frau in der Gesellschaft
Herausgegeben von Ingeborg Mues

Dieses Buch ist der unveränderte Reprint einer älteren Ausgabe.

Erschienen bei Fischer Digital
© S. Fischer Verlag GmbH, Frankfurt am Main 2014

Printed in Germany
ISBN 978-3-596-30158-4

13.–20. Tausend: Juni 1994

Originalausgabe
Veröffentlicht im Fischer Taschenbuch Verlag GmbH,
Frankfurt am Main, Januar 1994

© Fischer Taschenbuch Verlag GmbH, Frankfurt am Main 1994
Umschlaggestaltung: Ingrid Hensinger, Hamburg
Gesamtherstellung: Clausen & Bosse, Leck
Printed in Germany
ISBN 3-596-11826-3

Gedruckt auf chlor- und säurefreiem Papier

INHALTSVERZEICHNIS

Bärenstark 7
Narben 14
Zweimal Zwiebelkuchen 26
Reizendes Kind 37
Zähneknirschen 45
Du hast mich nie gestört 51
Teestunde 58
Dünnes Seil 70
Spielregeln 77
Backhand 84
Die Tauben 93
Warten 102
Niederlagen 108
Schmerzfreie Distanz 115
Mein Alles 123

BÄRENSTARK

Als sie klein war, hat sie mich tyrannisiert. Sie wußte genau, wie ich auf ihr Geschrei reagieren würde. Ich eilte herbei, so schnell ich konnte, immer in der Angst, es sei ihr tatsächlich etwas zugestoßen. Jedesmal schluchzte sie noch ein paarmal auf, ehe sie in meinen Armen still wurde. Sie kroch geradezu in meinen Schoß und drückte sich so heftig an mich, daß ich kaum atmen konnte. Meistens war sie außerstande zu erklären, was sie in ihre panische Angst versetzt hatte. So blieben wir erschöpft und wortlos sitzen. Während ich fast mechanisch ihre flaumweichen Haare streichelte, ließ die Spannung in ihrem kleinen, mageren Körper nach. Doch sobald ich versuchte aufzustehen, umklammerte sie mich.
Sie braucht Ihre Nähe, Ihren Schutz, sagte der Arzt, den ich um Rat fragte, sie holt sich, was sie nötig hat. Haben Sie die Schwangerschaft abgelehnt?
Ich schüttelte den Kopf, aber er sah mich weiterhin vorwurfsvoll und zugleich verlegen an: eine junge Frau, die mit ihrem weinenden Kind nicht umgehen kann.
Machen Sie mit beim Mutter-Kind-Turnen, schlug er schließlich vor. Körperkontakt, Sie wissen schon. Außerdem wird die Selbständigkeit des Kindes gestärkt. Und Ihnen wird es auch guttun.
Seine Augen wanderten über meine zu füllige Figur. Kummerspeck oder bloße Gefräßigkeit. Er schob mich aus dem Ordinationszimmer hinaus: eine fette Rabenmutter, unfähig, die Si-

gnale ihres Babys zu verstehen. Für Rabenmütter war ihm seine Zeit zu schade.

Wir haben tatsächlich zusammen geturnt. Zweimal in der Woche zwängte ich mich in das schwarze Trikot, legte mich auf den lackierten Bretterboden und ließ es zu, daß Ina sich auf meinen Bauch stellte. Sie bohrte ihre nackten Zehen in mein schlaffes Fleisch, bis ich aufschrie.

Spannen Sie Ihre Muskeln an! forderte die Gymnastiklehrerin. Ich kroch auf allen vieren, das Kind auf meinem Rücken, ich grätschte die Oberschenkel und ließ es dazwischen sitzen, wir reichten uns die Hände und hüpften, wobei ich mich den federleichten kleinen Schritten anzupassen versuchte. Ich fühlte mich wie ein großporiges, von Schweiß triefendes Nilpferd, das mit einem Vogel spielen soll.

Den anderen Müttern ging es viel besser, sie zwitscherten mit ihren Kleinen, lachten und alberten herum. Wir beide blieben stumm, horchten auf die Befehle, die die Gymnastiklehrerin in einem gleichmäßigen Singsang gab. Ich haßte die Turnstunde.

Beim Umziehen in der Gemeinschaftsgarderobe schämte ich mich vor den anderen Frauen, keine hatte Speckfalten an Bauch und Hüften wie ich. Sie schienen sich alle zu kennen, schwatzten und kicherten wie ihre Kinder, die zwischen den Bänken und Spinden herumtobten. Ina und ich trödelten, bis die anderen sich verabredet hatten und zu viert im Auto nach Haus fuhren.

Zum Trost gingen wir in die Eisdiele am Marktplatz, hier würden wir niemanden von den Mutter-Kind-Turnern treffen. Auch wenn es kalt war und niemandem sonst der Sinn nach Gelati stand, setzten wir uns an einen der wackligen runden Tische. Auf der marmorierten Kunststoffplatte waren noch die Schlieren von dem Lappen, mit dem Gianni die klebrigen Kleckse weggewischt hatte.

Eis war das erste Wort, das Ina sprechen konnte. Vielleicht war es auch heiß, es hatte nichts zu bedeuten. Eis oder heiß, für uns war es ein wunderbarer Anfang, von jetzt an würden wir uns besser verstehen. Ich küßte mein Kind. Eis sagte es, und weil es mir damit offensichtlich eine Freude machte, immer wieder: Eis, Eis.

Zum Teufel mit der Körpersprache der Ammen, ich werde sie nie lernen. Jetzt wachten die Wörter auf, und ich konnte sie wecken, konnte helfen, sie zu formen. Ina lernte schnell und ohne Mühe. Sie schaute mich aufmerksam an, und wenn ich aufmunternd nickte und lächelte, nahm sie sofort einen neuen Anlauf. Mit Worten konnte sie mich nun festhalten, viel besser als mit Geschrei und Schluchzen.

Als sie größer war, bestellte sie nach dem Turnen immer Zitrone und Schoko, zwei Kugeln; und ich kämpfte jedesmal mit der Versuchung, mir eine doppelte Portion Schlagsahne zu meinem Eiskaffee geben zu lassen. Ina mochte keine Sahne. Sie würde nie dick werden wie ich. Sie ließ die Beine baumeln, während sie das Eis löffelte.

Boris hat schöne braune Augen, sagte sie eines Tages plötzlich.

Ich mußte mir erst von ihr erklären lassen, wer Boris war. Einer aus der Turngruppe, in die sie jetzt schon allein ging. Ich brachte sie nur hin und holte sie wieder ab. Sie wußte die Namen von allen Kindern. Boris hat schöne braune Augen – es war das Zeichen, daß sie mit Boris spielen wollte. Diesmal hatte ich verstanden. Sie brauchte mich nur noch als Vermittlerin, als Zuflucht für alle Fälle; als Spielkamerad war ich nicht mehr nötig.

Boris war wieder ein neuer Anfang, Annette, Lisa und wie sie alle hießen, folgten. Ina bestimmte ihre Spielgruppe selbst, ich hatte nur dafür zu sorgen, daß Lieblingskekse und Orangensaft jederzeit verfügbar waren. Auch hatte ich mich mit den Müttern auf den Zeitpunkt zu einigen, zu dem Inas Freunde wieder nach Haus gebracht werden mußten.

Bloß kein trauriges isoliertes Einzelkind, sagte ich mir, wenn ich seufzend meine Schreibtischarbeit unterbrach, um das Tablett mit den Saftgläsern und den Mohrenköpfen bereitzustellen, oder wenn ich im Wohnzimmer die Federn nach einer wilden Kissenschlacht, die ins Frau-Holle-Spielen übergegangen war, zusammenlas.

Ina hat viele Freunde, sie ist beliebt, freute ich mich. Sie beginnt schon jetzt, selbständig zu werden. Eines Tages wird sie mich nicht mehr brauchen. Ob sie dann nach ihrem Vater suchen wird? Meine vagen Ausreden werden ihr dann kaum noch genügen. Wir haben uns zu oft gestritten – doch das erklärt ja keineswegs, warum er sich nicht um seine Tochter kümmert.

Du machst alles mit dem Kopf, hat Mutter mir immer vorgeworfen. Du mußt immer erst denken, bevor du reagierst; deinen Gefühlen traust du wohl nicht.

Vielleicht hat sie recht. Ich habe mir immer Gedanken gemacht, statt spontan zu handeln. Ina in den Arm zu nehmen, nur so, weil mir gerade einfiel, wie sehr ich sie liebe – ich hätte das, wie andere Mütter, viel öfter tun sollen.

Hast du es mir beigebracht? habe ich Mutter gefragt. Ich muß es in einem harten, verletzenden Ton gesagt haben. Sie fing an zu weinen. Ich setzte mich neben sie, wollte sie umarmen, aber sie stieß mich zurück. Sie zog ein Taschentuch aus ihrer Kostümjacke und tupfte sich die Tränen weg.

Jetzt wird sie wieder einmal das traurige Resümee ihres Lebens ziehen, dachte ich, ihre harte Jugend, vaterlos, mit einer verhärmten Mutter, ihre Ehe mit einem Mann, der sie versorgte, aber betrog, und dann ich, die ich ihr von Anfang an Sorgen gemacht habe. Ich war nicht das Kind, das sie sich gewünscht hatte. Ich kann das Klagelied nicht mehr hören.

Du darfst mir dein Unglück nicht vererben, habe ich einmal

geschrien, als sie aufzuzählen begann, wie übel ihr das Leben mitgespielt hatte. Nicht wie sie wollte ich werden, niemals wie sie.
Ich sehe ihr fassungsloses Gesicht vor mir, als ich ihr mitteilte, ich sei schwanger und ich wolle das Kind behalten.
Du allein mit dem Kind, stammelte sie.
Es gab nichts zu reden. Sie wußte, daß ich ihre Ratschläge zurückweisen würde. Sie wagte nicht einmal, nach dem Vater zu fragen. Es war allein meine Sache.
Du hast es dir wohl überlegt, sagte sie, dein Beruf und die Wohnung... Sie stand auf und trat zum Fenster. Zur Not kannst du immer zurück, sagte sie, hier ist Platz für euch beide.
Es muß sie Überwindung gekostet haben. Aber nun setzte sie sich erleichtert wieder in ihren Sessel. Sie hatte ihre Pflicht getan. Sie hatte mir etwas angeboten, das ich nie annehmen würde, das wußte sie.
Du bist stark, sagte sie, du wirst es schaffen.
Ich weiß nicht, ob ich spöttisch oder überlegen gelächelt habe. Ich wollte mir nicht anmerken lassen, daß ich enttäuscht war. Vielleicht hatte ich auf ein Wunder gehofft. Gab es das nicht? Verband uns nicht dieses winzige Wesen, das sich erst ganz zart ankündigte? Konnte mit ihm nicht auch zwischen uns etwas Neues entstehen?
Sie sah mich besorgt an. Du hast gewiß schon an alles gedacht, die Klinik, die Hebamme... Und wie soll es weitergehen? fragte sie nun doch.
Ich konnte sie beruhigen. Ich hatte geplant. Selbst eine Tagesmutter in der Nähe meiner Wohnung hatte ich schon gefunden. Für die Agentur würde ich einen Teil der Arbeit zu Haus machen können.
Sie brauchte sich um nichts zu kümmern. Ihre Hilfe war nicht nötig. Sie wäre für mich das Eingeständnis meines Scheiterns gewesen. Niemals wollte ich wieder abhängig sein.

Daß ich mir billige gebrauchte Babysachen gekauft hatte, war das einzige, was Mutter an meiner Vorsorge auszusetzen hatte. Ob ich nicht über Nacht bleiben wolle, fragte sie. Nach Vaters Tod stand eine Couch in seinem Arbeitszimmer, für alle Fälle, falls jemand zu Besuch kam.
Ich fuhr noch am Abend zurück. Die rechte Hand legte ich immer wieder auf meinen Bauch, dort, wo ich das Köpfchen meines Kindes zu spüren glaubte. Ich sang, ich war glücklich. Ich werde alles anders machen, besser, viel besser, versprach ich.
In zwei Wochen wird Ina zum erstenmal in die Schule gehen. Die rotgoldene Riesentüte habe ich mit allem gefüllt, was ich mir als Kind gewünscht hatte und nie oder doch nur selten bekommen habe: die buntesten Bonbons und Blubber-Gums, Lakritzenschlangen, Schokoladentäfelchen.
Ganz zuunterst habe ich mein altes Eisbärchen gelegt, sorgfältig in rosa Seidenpapier gewickelt. Mein kleiner Talisman. Er hat mich durch die Schulzeit begleitet. Wie oft habe ich ihn in vor Angst verschwitzten Händen gehalten. Sein Fell ist stellenweise abgeschabt, ein Ohr habe ich durch ein Stück graues Leder ersetzt.
Lächerlich, sehe ich jetzt ein, Ina wird mein ramponiertes Bärchen nie brauchen. Sie wird in der Schule keine Angst haben. Sie kann ja alles und hat es gelernt, das, was sie braucht, zu fordern. Freunde zu finden fällt ihr nicht schwer. Sie wird sich durchsetzen. Warum mache ich mir Gedanken?
Ich habe mich vor der Schule gefürchtet, vor dem dunklen großen Backsteingebäude, vor den lärmenden Kindern im Hof und auf den Gängen, vor den Lehrern, die brüllten, damit die Schüler endlich das taten, was sie von ihnen verlangten.
Es ist heute alles anders, versichere ich mir und denke an die freundlichen Pavillons für die Kleinen, die Blumenkästen vor den Fenstern, die Zeichnungen an den Wänden. Ich habe auch

mit der Lehrerin für die Erstkläßler gesprochen, einer zierlichen jungen Frau in Jeans, die ihre dunklen Haare zu einem Pferdeschwanz hochgebunden hat. Ina freut sich auf die Schule, sie hat ihren Schulranzen schon hundertmal ein- und ausgepackt. Es ist ihr liebstes Spiel, die Buntstifte zu zählen und in das kleine rote Heft alle Buchstaben und Zahlen zu schreiben, die sie schon kann.
Ich schütte die große Schultüte aus, bis ich das kleine rosa Päckchen erwische. Ina würde sich wundern, sie wird es nicht brauchen, schon gar nicht dieses abgewetzte alte Bärchen. Ich wickele es aus dem rosa Seidenpapier und stecke es in meine Tasche.
Du bist stark, höre ich meine Mutter. Sie wußte damals und weiß auch heute noch kaum etwas von mir. Mit meiner Angst mußte ich immer allein fertig werden. Ob ich es besser mache?
Vielleicht sollte ich Ina doch einen Bären schenken, einen neuen mit glattem Fell und zwei runden Plüschohren. Bärenstark, werde ich sagen, bärenstark und ganz weich, faß ihn an, wenn du Angst hast, mir hat es geholfen.

NARBEN

Dort hast du mich einmal verbrannt, sagt meine Mutter. Sie sagt es ganz ruhig mit dem alles verzeihenden Ton in ihrer Stimme.
Ich habe sie nach den Narben an ihrem linken Unterarm gefragt. Es muß mehr als vierzig Jahre her sein, als das kleine Mädchen tolpatschig schwankend auf die Mutter zulief, die gerade dabei war, kochendes Wasser in die Teekanne zu gießen.
Tut es noch weh? frage ich und weiß doch, daß sie nur den Kopf schütteln wird. Die weißen Narben sind wie Risse in ihrer zarten Haut, hundert Risse oder noch mehr. Ich möchte diese verletzte Haut streicheln, aber sie würde zusammenzucken. Gestreichelt haben wir uns nie. Seltsam, daß ich sie nie nach den Narben gefragt habe.
Wir sitzen nebeneinander im Wartezimmer. Gleich wird die Sprechstundenhilfe sie hineinbitten. Ob ich mitgehen soll? Ob es ihr helfen würde, wenn ich dabei wäre? Ich könnte ihre Hand halten, wenn sie das Untersuchungsergebnis erfährt.
Ich habe sie heute morgen abgeholt. Wir hatten es verabredet. Anfangs hatte sie sich gesträubt, wollte allein in die Praxis gehen. Es war wieder einmal ihre übliche Art, indirekt Liebesbeweise zu fordern. Am Telefon hatte sie deutlich zu erkennen gegeben, daß sie sich fürchtete. Aber mein Hilfsangebot wies sie erst einmal zurück.
Es ist immer das gleiche Spiel. Ich muß mich um sie bemühen,

mehr, als ich will, aber, wie sie es wohl empfindet, lange nicht genug. Sie zwingt mich dazu, und ich tue es entsprechend gezwungen. Ich tue meine Pflicht, kaum mehr.
Wenn du noch etwas zu erledigen hast, fängt meine Mutter an, so geh doch. Ich komme auch mit dem Taxi nach Haus.
Ich schüttele nur den Kopf, presse meine Hände zusammen, als beträfe es mich selber, was in wenigen Minuten hinter der weißen Tür gesprochen wird. Und es betrifft mich ja auch, ich kann meine Mutter nicht aus meinem Leben streichen. Ich fühle mich für sie verantwortlich. Schon seit Jahren unternimmt sie nichts, ohne mich vorher gefragt zu haben. Sie schiebt mir Entscheidungen zu, für die ich gar nicht zuständig bin; sie läßt mich spüren, daß sie von mir abhängig ist.
Wollen wir nachher zum Italiener gehen? frage ich so unbefangen wie nur möglich. Ich möchte sie ablenken. Du weißt schon, Mozzarella mit Tomaten und Basilikum als Vorgericht. Danach kannst du wählen, ich lade dich ein.
Natürlich werde ich sie einladen. Es sind ihre Lichtblicke. An der Rechnung kann sie ablesen, wieviel sie mir wert ist. Aber nein, das ist viel zu teuer, wird sie protestieren. Aber ja, werde ich sagen wie stets, such dir aus, worauf du Lust hast.
Bei Giovanni haben wir unseren Stammplatz, den kleinen Tisch gleich hinter der Tür am Fenster. Mutter sitzt meistens halb verdeckt, kann aber das ganze Restaurant überblicken. Siehst du die Dicke da, ausgerechnet in Gelb, und dann ißt sie auch noch Spaghetti!
Sie regt sich gern über fremde Leute auf, macht sich lustig über Geschmacksverirrungen, mischt sich ein aus einer Distanz, die niemals Konsequenzen hat. Es sind ihre winzigen Ausflüge aus ihrem Schneckenhaus. Sie beobachtet, wie es draußen zugeht, und zieht sich bei der geringsten Berührung zurück.
Meine Garderobe kritisiert sie schon lange nicht mehr. Du

hörst ja doch nicht auf mich, sagt sie und verzieht schmerzlich ihren Mund. Sie ist überzeugt davon, daß sie selbst einen vorzüglich sicheren Geschmack habe. Weiße Schleifenblusen zu Grau und Dunkelblau, was soll da schon schiefgehen. Heute trägt sie übrigens das dunkelblaue Kostüm, viel zu offiziell für den Arztbesuch.

Wenn sie ihren zartrosa Lippenstift benutzt, ist der schöne Schwung ihres Mundes noch zu erkennen. Sie war eine Schönheit, das zeigen die Fotos in Silberrahmen, die wie auf einem Opferaltar auf einem ovalen Mahagonitisch in ihrem Salon aufgebaut sind. Salon, sie nennt ihr kleines Wohnzimmer immer noch so.

Weiß stand ihr besonders gut. Eine weiße Blüte, hat sie einer ihrer Verehrer einmal genannt. Kitschig, nicht wahr, hat sie sofort hinzugefügt, als sie es mir erzählte.

Sie wird verlegen, wenn ich sie nach ihren Verehrern frage. Hat sie meinen Vater geliebt? Ach ja, sagt sie dann, vielleicht doch. Man sprach damals so wenig miteinander.

Als junges Mädchen kann ich sie mir vorstellen, als junge Frau nicht. Mit sechzehn schaut sie großäugig und neugierig in die Kamera. Die Haut ist so glatt, als sei sie mit Wachs überzogen. Puderte man sich damals? Sie schüttelt den Kopf.

An ihr erstes Parfüm kann sie sich erinnern, »Soir de Paris«, in einer blauen Flasche mit dem Eiffelturm, etwas süßlich und ordinär. Ein Vetter hatte es ihr geschenkt. Sie benutzte es heimlich, blieb immer sehr lange in frischer Luft, bevor sie sich nach Haus traute mit dem Rest des verführerischen Dufts.

Was habt ihr gemacht, wenn dein Verehrer dich abholte? habe ich gefragt. Sie spricht immer von Verehrern, nie von Freunden. Verehrer, das ist eben der Abstand, hat sie mir einmal erklärt. Da war nichts, nichts Intimes.

Und ich? frage ich. Schließlich bin ich ja gezeugt worden. Ich versuche zu lachen, aber es gelingt nicht. Ihr Gesicht hat sich

verschlossen. Das Kinn hat sie hochgereckt, so daß die Stränge ihrer Halssehnen hervortreten.
Gezeugt, was für ein Ausdruck! Ich kann sie mit wenigen Worten irritieren. Warum verdrängt sie immer noch, was gar nicht zu verdrängen ist?
Sie sind in Konzerte gegangen, in Tanzcafés, haben auf der Bank am Weiher gesessen, den Mond betrachtet, der sich zitternd spiegelte. Händchen gehalten, scheue Küsse getauscht.
Ach was, ich habe zu viele Romane aus dieser Zeit gelesen. Aber Mutter war stets hinter der Zeit zurück. Ins neunzehnte Jahrhundert hätte sie hineingepaßt. Ihre Taille hätte sie nicht einmal schnüren müssen, sie war auch so von zwei Männerhänden zu umfassen. Noch heute erzählt sie davon mit Stolz.
Soll ich die Schwester fragen, wie lange es noch dauert? Du bist längst dran, sage ich.
Sie wehrt ab: Ich habe viel Zeit.
Sie schaut unbestimmt zu den Farbfotos, die der Arzt von seiner letzten Asienreise mitgebracht hat. Sie ist gelassen, scheint ständig nur auszuatmen: Ich bin ganz ruhig, mein linker Arm ist schwer – vielleicht hat sie das in der Volkshochschule gelernt und wendet es jetzt einfach an.
Ich betrachte sie von der Seite. Sie hat das Profil einer griechischen Göttin, klassisch, unnahbar, ohne einen Zug von Unregelmäßigkeit. Was hätte sie getan, wenn sie mit einer Knollennase oder einem Doppelkinn bestraft worden wäre? Ihr Gesicht ist ihr Verdienst, sie hat es erhalten. Im Gegenlicht sind die feinen Falten kaum zu erkennen. Nur die Augen haben sich verändert, sind eingesunken, von schlaffen Lidern überdeckt, leicht gerötet, ständig übermüdet. Sie gibt sich gefaßt, spielt Überlegenheit.
Aber sie ist nie überlegen gewesen, nicht einmal sicher. Sie hat

kaum gelernt zu posieren. So wie sie jetzt aussieht, wäre sie gern, wenn sie nur einen Grund dazu hätte: hochmütig, erfolgreich, selbstgewiß. Immerhin, die Brüche in ihrem Leben haben sie nicht zerbrochen.

Ich könnte das auch eine Leistung nennen. Vielleicht wünschte sie sich das. Aber ich bringe es nicht fertig, etwas anzuerkennen, was ich als Versagen ansehe.

Was hat sie aus ihrem Leben gemacht? Sie hat sich in ihrer Misere eingerichtet, auf meine Kosten, das war alles. Es klingt überheblich, lieblos und hart, ich weiß. Aber wie soll ich diese Passivität anders beschreiben, diese widerspruchslose Kapitulation vor einer Familie, die sie mit dem Allernötigsten versorgte, aber ausschloß aus dem Verband, ächtete oder verachtete, was auf dasselbe hinauslief. Ob sie wirklich nie auf die Idee gekommen ist, auf diese zerstörerische Sippe zu pfeifen und sich auf eigene Füße zu stellen?

Du bist so stark, hat sie oft gesagt, wenn ich etwas von ihr erwartete, wozu sie nicht bereit oder nicht in der Lage war. Du kannst das, ich nicht.

Es hat mich rasend gemacht, diese schwächliche Ergebung in ein meiner Ansicht nach keineswegs unabwendbares Schicksal. Sie lieferte sich aus, ihren Verehrern, von denen einer mein Vater war, ihrer Familie, später dann mir. Sie ließ sich tyrannisieren, auch von mir, fügte sich, fand sich ab.

Aber ich soll erreichen, was ihr nicht gelungen ist. Du kannst das, hämmert sie mir ein, du kannst das. Sie verlangt Erfolg von mir, stellvertretend und so viel, daß es für uns beide langt.

Es hat Jahre gedauert, bis ich mich wenigstens halbwegs von ihren Ansprüchen befreien konnte. Viel zu lange. Inzwischen war mein Verhältnis zu ihr so eng, daß ich mich selbst verstümmelt hätte beim Versuch, mich loszureißen.

Die Mitteilung, daß ich eine eigene Wohnung gefunden hatte

und umziehen würde, hat sie fast umgebracht. Aber warum, fragte sie erschrocken, hier hast du doch alles. Nichts konnte sie trösten. Daß ich ihr regelmäßige Besuche versprach, nahm sie wie selbstverständlich zur Kenntnis. Daß ich ein eigenes Leben führen wollte, verstand sie nicht. Du kannst doch hier alles tun, was du willst, stammelte sie, ich habe dich nie gestört. Sie begriff es wirklich nicht, sie selbst hatte ja nie ein eigenes Leben geführt, auf ihre Weise hatte sie immer Rücksicht genommen.
Ich packte nur ein paar Koffer, ließ mein Zimmer so, wie es war. Es dauerte lange, bis sie mich zum erstenmal besuchte. Sie schien erstaunt, daß ich allein wohnte. So kahl ist es bei dir, sagte sie. Es wunderte sie, daß ich ihren Stil, auf den sie stolz war, nicht übernommen hatte. Die breite Matratze auf dem blauen Teppich irritierte sie. Da schläfst du, sagte sie kopfschüttelnd. Aber der Großvatersessel, den ich auf dem Trödelmarkt gefunden und mit einem geblümten Stoff bezogen hatte, gefiel ihr.
Ganz gleich, was jetzt herauskommt, fange ich an, du solltest dich endlich einmal erholen. Ein Sanatorium wäre das richtige. Sprich doch mit dem Arzt, du hättest es nötig. Du solltest dich einmal pflegen und verwöhnen lassen.
Aber sie will nicht, ich hätte es mir denken können. Sie will nur mit mir verreisen. Venedig, die Bretagne, Rom oder Südengland – es waren sämtlich mißlungene Urlaubsreisen. Doch in ihrer Erinnerung haben sie sich verklärt zu wunderbaren Tagen ungetrübter Harmonie. Sie hat Dutzende von Postkarten gekauft, einige verschickt, die meisten gesammelt und daheim in ein Fotoalbum eingeklebt.
Manchmal, wenn ich sie besuche, liegt eins dieser Alben unübersehbar auf dem Tisch. Ich soll mich erinnern. Sie weiß noch jede Einzelheit, die kalte Gurkensuppe in dem spanischen Fischernest, die Busfahrt von Cannes nach St. Paul. Nur an die knisternde Spannung zwischen uns, wenn wir im Doppelbett

nebeneinander lagen, nicht einschlafen konnten, preisgegeben unseren heimlichen Wünschen, will sie sich nicht erinnern.
Ein paarmal habe ich sie abgeschüttelt. Ich zog mich noch einmal an, die weißen Jeans, das blauseidene Hemd, und ging hinunter auf die Promenade. Die Tür zur Disco stand weit offen, die Paare tanzten draußen zwischen Stühlen und Palmenkübeln. Ich brauchte mir gar keinen Platz zu suchen, da zog mich schon einer unter die Girlanden buntblinkender Lichter. Ich wußte gar nicht, daß ich tanzen konnte. Es war alles ganz einfach, ein herrliches Spiel.
Sie tat so, als schliefe sie, als ich im Morgengrauen zurückkam. Beim Frühstück sah sie mich besorgt an. Ich gönne dir doch alles, sagte sie. Ich prustete in meine Serviette, als hätte ich mich verschluckt. Als ich am Abend zu meiner Verabredung gehen wollte, hatte sie Magenkrämpfe. Ich besorgte eine Wärmflasche, blieb neben ihrem Bett sitzen.
Warum haben wir nie offen miteinander gesprochen? Warum konnte ich immer nur mit anderen scherzen und diesen leichten Ton finden, der so vieles erlaubt? Habe ich mich von Anfang an so stark mit ihr identifiziert, mich einengen lassen?
Einmal hat der Hotelier uns für Schwestern gehalten. Es tat ihr gut. Sie lachte so fröhlich, wie sie wohl als junges Mädchen gelacht hat. Laß uns doch einmal als Zwillinge auftreten, schlug ich vor, was meinst du, wie erfolgreich wir auf dem Corso wären! Aber das ging ihr schon wieder zu weit.
Die Thaimädchen haben es dem Doktor angetan, sage ich jetzt. Ich bin ihren Augen zu den Fotos an der Wand gefolgt. Zartgliedrige samtbraune Kinder, dicke Blumenketten über den nackten, winzigen Brüsten. Merkwürdig, sage ich, daß er solche Fotos hier aufhängt.
Sie sehen nicht unglücklich aus, sagt meine Mutter. Sie sind schön.
Weiß sie nichts vom Sextourismus, gehören auch solche Bilder

zu den Dingen, hinter die sie auf keinen Fall blicken möchte? Auf meine Informationen aus zweiter, dritter Hand legt sie keinen Wert. Ja, sagt sie dann und dehnt das Ja zu einer zweifelnden Frage, die meine aufgeplusterte Empörung zusammenfallen läßt.

Ich möchte manchmal wissen, was sie denkt. Was tust du gerade, frage ich sie oft, wenn ich sie anrufe. Ich warte auf dich, antwortet sie stets. Und schon hat sie mich wieder eingefangen. Habe ich zu spät angerufen, habe ich sie zu lange warten lassen? Was ich mache, will sie wissen, immer nur von mir will sie etwas hören. Es ist, als müsse ich ihr halbleeres Lebensreservoir auffüllen. Vom Institut soll ich ihr erzählen, ob unser neues Projekt genehmigt worden ist. Mit wem ich mich abends verabredet habe. Sie kann nicht genug bekommen. Wann kommst du? Es ist immer das gleiche. Ich suche nach einem Vorwand, um den fälligen Besuch so lange wie möglich hinauszuschieben. Wann kommst du? Ein kleines Kind könnte nicht dringlicher fragen.

Anfangs habe ich ihr noch von meinen Freunden erzählt. Aber sie brachte die Udos, Richards und Haralds durcheinander. Zu oft mußte ich ihr umständlich erklären, daß ich weder Udo heiraten noch Harald zu meinem ständigen Begleiter machen wollte. Es beunruhigte sie, daß ich keine Verehrer, sondern Freunde hatte, mit denen ich mich häufig stritt.

Sie steht mir im Weg, sie hat mir oft im Weg gestanden. Wenn mir etwas mißlungen ist, brauche ich diese Ausrede. Ich mußte zuviel Rücksicht nehmen, entschuldige ich mich. Ich konnte ja gar nicht so, wie ich wollte. Ich hatte den Kopf niemals frei. Sie brauchte mich damals gerade so sehr, ich durfte sie nicht im Stich lassen.

Die Chance ist verpaßt, aber die Erinnerung schmerzt immer noch. Was wäre, wenn ich damals einfach umgezogen wäre und das Angebot in Stuttgart angenommen hätte? Achthundert

Kilometer hätten vielleicht endlich die nötige Distanz gebracht, die ich brauchte, um mich von ihr zu befreien. Aber prompt bekam sie eine lebensgefährliche Allergie, Erstickungsanfälle, an denen ich schuld hatte. Jedenfalls wurde sie sofort gesund, als ich ihr meinen Absagebrief zeigte.

Hat du es dir auch gründlich überlegt? fragte sie. Meinetwegen hast du doch nicht verzichtet, oder doch?

Ich konnte nur mit den Achseln zucken. Nein, nein, wehrte ich ab. Das Risiko war viel zu groß.

Ich wäre mit dir gezogen, sagte sie, wir hätten dort unten zusammenwohnen können. Ich hätte für dich gesorgt.

Sie wäre tatsächlich imstande gewesen, ihre kleine Wohnung aufzugeben, ihren sogenannten Salon mit den Resten ihrer Vergangenheit als höhere Tochter. Sie hätte auch die spärlichen Kontakte in der Nachbarschaft aufgegeben. Für dich tue ich alles. Das Motto ihres Lebens, es hatte ihr Sinn verschafft: Für dich tue ich alles.

Für dich, das schnitt ein, machte die Fessel unerträglich. Du sollst nichts für mich tun, wehrte ich mich schwächlich, denk endlich an dich. Ich bin erwachsen.

Aber wie sollte sie an sich denken? Einen weiteren Kurs in der Volkshochschule belegen? Französisch wolltest du doch schon immer lernen, nach Frankreich fahren wir bestimmt bald einmal wieder.

Für sie werde ich nie erwachsen sein. Sie braucht das hilflose Kind, für das sie sich opfern kann, dem sie alles ersetzen muß. Alles? Sie versteht darunter die Familie, den Vater, gesicherte Verhältnisse, die bürgerliche Existenz. Sie hat das alles aufs Spiel gesetzt, hat verloren und bezahlt.

Es hilft gar nichts, wenn ich ihr klarzumachen versuche, daß ihre Rechnung nicht stimmt, längst verjährt ist und überhaupt niemals gestimmt hat. Sie versteht nicht, will nicht verstehen. Wo kämen wir da hin, wenn alle so dächten wie du, sagt sie. Sie

besteht auf einer Ordnung, auf Prinzipien, die sie kaputtgemacht haben. Sie besteht auch auf ihrem Dünkel. Ihre Versuche, selber Geld zu verdienen, hat sie immer schnell wieder aufgegeben. Das war nichts für mich, erklärte sie und setzte ihr hochmütiges Gesicht auf. Meinen Einwand, daß es immerhin ein vielversprechender Anfang hätte sein können, wischte sie mit einer Handbewegung fort. Für mich? Für sie, die höhere Tochter, die nichts gelernt hatte, war offenbar nichts gut genug.
Die Großeltern habe ich nicht gekannt. Sie starben, noch ehe die Zeit für eine Versöhnung gekommen war. Ob sie überhaupt jemals dazu bereit gewesen wären, ihrer Tochter das Kind ohne Vater zu verzeihen? Mutter erbte einen Pflichtteil, der reichte gerade für das Notwendigste. Der Kontakt zu dem einzigen Bruder war schon vorher abgerissen.
Den Anschein gutbürgerlich-bescheidenen Wohlstands aufrechtzuerhalten muß sie viel mehr Kraft gekostet haben, als ich zugeben will. Sie wohnt noch heute in der besseren Gegend, wo ich zur Schule ging. Zurückgezogen nennt man das. Eine verhuschte Existenz im Halbschatten, jederzeit bereit, sich in ihrem Schlupfloch zu verstecken.
Mir ist kalt, sagt sie und zieht die Schultern fröstelnd hoch. Ich stehe auf und hole meinen breiten Kaschmirschal vom Kleiderhaken. Er steht dir gut, sage ich, obwohl das Knallrot sie geradezu kreideweiß macht. Sie sieht wirklich krank aus.
Krank ist sie nie gewesen, kränklich oft. Sie litt, sobald ich etwas tat, was ihren Vorstellungen nicht entsprach. Sie bekam Kopfschmerzen, erbrach sich, lag tagelang im verdunkelten Schlafzimmer. Sie machte mir angst. Sie schien so schwach, daß ich nicht wagte, laut zu sprechen. Trotzdem stand das Frühstück für mich stets bereit, das Schulbrot war geschmiert und in Pergamentpapier eingewickelt, der Apfel lag blankpoliert daneben. Auch für das Mittagessen hatte sie gesorgt,

obwohl sie kaum imstande schien, sich auf den Beinen zu halten. Ein einziger stummer Vorwurf. Ich verstand und gab nach. Ob es die Theatergruppe war, in der ich spielen wollte, oder die Klassenreise, für die wir einen Antrag auf Ermäßigung hätten stellen müssen – ich verzichtete, ihretwegen. Ich ließ mich erpressen und grollte ihr tagelang.

Später fand ich Auswege. Ich erzählte ihr nicht mehr alles, machte ihr etwas vor. Ich belog sie und rechtfertigte mich vor mir selbst, daß sie es nicht anders verdiene. Meine Freunde brachte ich nie nach Haus. Zu den Chorproben, die angeblich immer am Abend stattfanden, bin ich nie gegangen. Die vielen Geburtstagseinladungen waren zum größten Teil erfunden.

Aber ich blieb bei ihr, hielt mit den wenigen Fäden, die ich ihr anbot, die Verbindung zu meinem Leben aufrecht. Ich ließ mich verwöhnen und erfüllte immer seltener ihre Hoffnung auf eine Mitteilung, aus der sie hätte schließen können, daß ich so erfolgreich sei, wie sie es wünschte und erwartete.

Einmal, als wir uns in der Küche gegenübersaßen und die Quiche verzehrten, die sie nach einem neuen Rezept ausprobiert hatte, fragte sie mich plötzlich: Bist du zufrieden? Ich muß geradezu erschrocken zusammengezuckt sein. Denn sie lächelte, während ich herumstotterte und vergeblich nach einer Formel für Zufriedenheit suchte. Von Glück hatte sie gar nicht zu sprechen gewagt, aber ich wußte, daß sie das und nichts anderes meinte.

Siehst du, sagte sie, du hast es auch nicht gefunden. Es liegt nicht auf der Straße. Sie schien fast befriedigt oder zumindest erleichtert. Nicht sie allein war also unfähig, auch ich, die angeblich Starke, stand mit leeren Händen da.

Aber hatte sie es überhaupt jemals gesucht? Hatte sie sich nicht vorzeitig zur Ruhe gesetzt mit ihrem angeblichen Unglück, das sie als ihr Schicksal akzeptierte?

Die Nächste bitte, sagte die Schwester und öffnete die Tür.

Meine Mutter stand so hastig auf, daß ihr der rote Schal von den Schultern glitt, fast wäre sie darüber gestolpert.
Eine halbe Stunde lang saß ich wie gelähmt, unfähig zu denken, außer an das eine. Dann öffnete sich wieder die Tür. Der Arzt geleitete meine Mutter hinaus, schob sie geradezu in meine Arme. Er nickte mir bedauernd zu, ehe er sich umwandte und den nächsten Patienten hineinbat.
Wir fahren jetzt zu Giovanni, sagte ich so ruhig, als stünde das Urteil nicht fest.

ZWEIMAL ZWIEBELKUCHEN

Sie überfällt uns immer. Jedesmal bricht sie ohne Ankündigung über uns herein. Dabei weiß sie, Werner mag keine Überraschungen. Mir macht es nichts aus, ich kenne das. Es war früher schon so. Wenn sich im Kinderzimmer schläfrige Langeweile ausbreitete, stürzte sie herein mit ihren Vorschlägen. Sie riß mich heraus, ganz gleich, was ich gerade tat, zeichnen, lesen, dösen. Komm, sagte sie, wir fahren jetzt in die Stadt! Mom wußte immer, wo etwas los war. Sie liebt noch heute Jahrmärkte, Zirkus, Straßenfeste.
Jetzt entladen sich ihre Energien in unregelmäßigen Zeitabständen in unserem Reihenhaus. Und plötzlich weht ein heftiger Wind durch unsere abgestandenen Gewohnheiten, so empfinde ich es jedenfalls. Nicht immer unangenehm, überraschend eben. Doch Werner will seine Ruhe haben, er fühlt sich verunsichert durch die Turbulenzen, die Mom im Handumdrehen verursacht.
Ich hab euch etwas mitgebracht, damit beginnt sie sich bei uns einzunisten. Sie packt aus, die Blumen zuerst. Meistens sind es Begonien, Hortensien oder Chrysanthemen im Topf.
Die blühen länger, sagt Mom, ihr kauft euch selber ja doch keine Blumen. Sie hält uns für geizig, bestenfalls für sparsam.
Werner protestiert matt, er wehrt sich ziemlich humorlos. Ich bin kein Rosenkavalier, sagt er.
Sie weiß natürlich, wo bei uns Vasen und Übertöpfe stehen. Mit sicherem Griff findet sie das passende Gefäß. Nur keine

Umstände, auf keinen Fall will sie Umstände machen, wo wir beide, Werner und ich, doch ständig abgehetzt sind und auf dem letzten Loch pfeifen. Und überhaupt: Sie will uns um nichts in der Welt lästig fallen.
Und jetzt die Fressalien, sagt sie und hebt ihre pralle Einkaufstasche hoch. Alles selber ausprobiert, versichert sie, du brauchst nur die Folie aufzuschneiden und das Wildragout in die Mikrowelle zu schieben. Zum Schluß noch einen Schuß Rotwein oder saure Sahne. Schmeckt wie selbstgemacht, du wirst begeistert sein.
Ich bemühe mich, schon jetzt einen Anflug von Begeisterung zu zeigen, während Werner mufflig vor sich hintiert. Ausgerechnet Rehragout, was er noch nie gemocht hat! Aber woher soll Mom das wissen?
Auf unserem Küchentisch stapeln sich Fertiggerichte, Instant-Puddings und exotische Früchte wie Mango und Papaya. Mom muß viel Zeit damit verbracht haben, das alles zusammenzutragen. Sie hat es für uns entdeckt, sozusagen vorgekostet, nun sollen wir teilnehmen an ihren Gaumenexperimenten.
Mal was anderes wird euch guttun, meint sie fröhlich.
Eigentlich, murmelt Werner verdrossen, eigentlich kaufen wir uns selber, was uns schmeckt.
Mom überhört es.
Es macht ihr nun einmal Spaß, uns zu beglücken, wie sie es versteht, habe ich Werner zu erklären versucht. Ihre nahrhafte Liebe. Ich kann darüber lachen, auch Scherze machen, ich würde sie nie zurückweisen. Ich möchte Mom nicht verletzen.
Werner meint, ich ließe mir ihre Bevormundung widerspruchslos gefallen, ich sei noch immer abhängig von ihr, sie dränge sich in unser Leben. Er lehnt ihre Vertraulichkeit ab. Nie würde er diesen albernen Namen Mom über die Lippen bringen, den sie sich zugelegt hat, als ich noch nicht zur Schule ging.

Schwiegermutter, redet er sie förmlich an. Damit hat er sein Verhältnis zu ihr ein für allemal auf förmliche Distanz gebracht.
Auch diesmal muß ich mich hüten, ins Spannungsfeld zwischen den beiden zu geraten. Wenigstens der erste Abend muß gerettet werden.
Im Roxi wird heute »Out of Africa« gegeben, hast du Lust auf verklärte Kolonialzeit? frage ich Mom. Ich weiß genau, Werner wird nicht mitkommen.
Ja, sagt er erleichtert, laßt eure Gefühle überfließen. Ich seh mir das Europapokalspiel an.
Wie dein Vater, lächelt Mom. Sie ist nicht beleidigt. Fußball hält sie für einen für Männer typischen Rückfall in die Kindheit, Frauen sollte es nicht schwerfallen, dafür Verständnis aufzubringen.
Zuerst trinken wir Tee. Ein paar Minuten zu dritt, das müßte zu schaffen sein. Werner bringt das Tablett. Er hat eine Packung Ingwerkekse dazugelegt.
Die sind vom vorigen Mal, bemerkt er grimmig. Er ist heute streitlustig, am liebsten würde er Mom die Kekse in ihre Handtasche stopfen. Nehmt sie doch mit zum Knabbern, wenn die gemästeten Löwen brüllen, schlägt er vor.
Mom möchte sich ausschütten vor Lachen: Hast du das gehört? Sie schaut Werner bewundernd an. Daß er auch witzig sein kann, scheint ihr erst heute aufzufallen.
Wir machen einen Umweg durch den Park. Ein bißchen Bewegung nach der langen Bahnfahrt, habe ich zu Mom gesagt; im Kino sitzen wir nachher mindestens zwei Stunden.
Sie hat sich bei mir untergehakt. Ich passe mich ihren kurzen, eiligen Schritten an. So sind wir oft zusammen gegangen, und jedesmal mußte ich mich bemühen, meine langen Beine und schlaksigen Bewegungen ihrem energischen Rhythmus unterzuordnen.

Wie groß du bist, das sagt sie immer. Es klingt halb bedauernd, halb bewundernd. Sie muß ihren Arm hochwinkeln, schließlich kann ich nicht in die Knie gehen. Früher war ihre geheime Sorge, daß ich bei meiner Länge nie einen Mann bekommen würde. Daß Werner ebenso groß ist wie ich, beruhigte sie. Er sei ein Schatz, sagt sie bei jeder Gelegenheit.
Es läßt sich nicht vermeiden, daß ich mich ein wenig hinunterbeugen muß, wenn wir miteinander reden. Möglicherweise sieht es herablassend aus, vielleicht auch fürsorglich. Es wäre eine Täuschung. Von uns beiden hat Mom ohne Frage die meiste Kraft; sie ist alles andere als schutzbedürftig. Mit ihrer rundlichen Figur steht sie sehr fest auf ihren gedrechselten Beinen. Das Schottenkostüm, bemerke ich heute, wird ihr allmählich zu eng. Sie fühlt sich darin sportlich und jung. Blaugrüne Karos, dazu die weiße Hemdbluse – so etwas Ähnliches hat sie sicherlich schon als Mädchen getragen.
Während wir im Stakkatoschritt den asphaltierten Weg um den See herum zurücklegen, erzählt sie mir von ihren Plänen. Sie wird einen Club gründen. Gleichgesinnte sollen sich unter ihrer Leitung gemeinsam auf Reisen vorbereiten. Sie hat bereits mit Experten gesprochen, Vorschläge gemacht, ein Inserat entworfen. Was ich davon halte, möchte sie wissen.
Klingt nicht schlecht, antworte ich ausweichend, gibt es das nicht schon?
Doch sie läßt sich nicht beirren. Etwas ähnliches bieten zwar auch Volkshochschulen und Reisebüros an, muß sie zugeben, aber sie wird alles anders und besser machen. Eifrig zählt sie auf, was sie schon erkundet hat, welche Bücher sie in der Stadtbibliothek bestellen will und wen sie zu ihrer ersten Expedition, zum Selbstkostenpreis, versteht sich, einladen wird.
Sie spricht tatsächlich von Expedition; und ich stelle mir vor, wie sie im knallroten Blazer und mit verwegener Schirmmütze – damit sie nicht zu übersehen ist – munter ihrer Gruppe vor-

weg marschiert, das gerade Auswendiggelernte weitergibt, im Hotel die Pässe einsammelt und sich darum kümmert, daß das Programm eingehalten wird. Pünktlich um acht oder um zehn, wird sie mahnen, treffen wir uns in der Lobby, pünktlich, bitte! Sie ist ein Muster an Pünktlichkeit, wenn es darauf ankommt, ein Programm einzuhalten.

Deine Mutter ist eine verhinderte Abenteurerin, hat Werner mal gesagt. Jetzt holt sie nach, was ihr in jungen Jahren entgangen ist. Mit Abenteuern meint er auch ihre wechselnden Bekanntschaften, über die sie uns so lange ausführlich informiert hat, bis Werner ihr unmißverständlich zu verstehen gab, daß er von ihren Zufallsfreunden nichts hält, und auch nichts von ihnen hören will.

Er hat Vater nicht gekannt, trotzdem ist er überzeugt davon, daß dessen früher Tod mit Moms Unrast zu tun hat. Hat er jemals in Ruhe seine Zigarre rauchen können? fragt er. Stell dir vor, du würdest mir so im Nacken sitzen, wie sie es wohl getan hat! Der arme Mann! bedauert er seinen Schwiegervater.

Es stimmt, er war immer ziemlich still. Mom hatte bei uns das Sagen. Vater ging seiner Wege. Wohin die ihn führten, außer zu den Amateur-Archäologen und in den Kegelclub, weiß ich nicht. Auf jeden Fall ins Amt, wo er Tag für Tag seine Stunden absaß, korrekt und zuverlässig. Mom hat ihn deshalb bewundert. Beamten müssen so sein, sie war davon überzeugt. Sie nahm Rücksicht auf ihn, umsorgte ihn, bedrängte ihn nicht mit ihren heimlichen Wünschen. Die brachen erst nach seinem Tod hervor. Seine geliebten Tonscherben und Kupfermünzen – alles selbst gefunden bei Spaziergängen über die Felder – hat sie übrigens gleich dem Heimatmuseum vermacht.

Die Lücke, die er hinterließ, füllte sich erstaunlich schnell. Mom lebte auf, lebt jetzt erst richtig, wie es scheint. Sie reist, findet neue Freunde, verbringt viel Zeit mit Entdeckungen, wie sie es nennt, Bildungserlebnissen verschiedenster Art.

Du bist ihm so ähnlich, sagt sie manchmal, wenn ich ihr ruhig abwartend zuhöre. Doch dann fällt ihr ein, daß auch Werner manche Eigenschaften mit Vater teilt.
Die beiden hätten sich gut verstanden, davon ist sie überzeugt. Sie haben beide den nüchternen Blick.
Daß es ihr nicht gelingt, Werner für sich zu gewinnen, will sie sich nicht eingestehen.
Ihr lebt so anders, seufzt sie manchmal. Sie wünschte sich, wir zeigten ihr deutlich, daß wir sie lieben, daß wir sie brauchen, daß wir es bedauern, wenn sie wieder zurückfährt in die Kleinstadt, in der ich aufgewachsen bin. Wenn ihr Kinder hättet...
Diesen Satz wagt sie nicht mehr zu Ende zu sprechen, nachdem ich ihr einmal unmißverständlich gesagt habe, daß Werner und ich, wir beide allein, unser Leben planten.
An mir hat sie manches auszusetzen. Sie ist der Ansicht, daß ich zuviel von Werner verlange. Muß der Arme jede Woche die Treppe wischen und die Küche putzen? fragt sie mich vorwurfsvoll. Sie kann es nicht begreifen, daß wir es so ausgemacht haben.
Ich putze genausoviel wie er. Schließlich unterrichten wir beide genauso lange in der Schule, haben gleich viele Hefte zu korrigieren...
Er sieht so blaß aus, fängt sie jetzt an, während wir im Spalier des Rosariums Schutz vor dem Wind suchen.
Daß Werner ein Stubenhocker ist, der ungern rausgeht und die Sonne nicht verträgt, läßt sie nicht gelten.
Ich solle mir Sorgen machen, verlangt sie, ihm den Alltagskram abnehmen, ihn schonen, damit er mehr Zeit für sich hat. Sie hält ihn für ein pädagogisches Genie. Wenn er weniger belastet wäre, würde er Karriere machen, davon ist sie überzeugt. Treppewischen! Ein Oberstudienrat auf Knien! Sie versteht mich nicht.

Ich rutsche auch, wenn's sein muß, auf Knien, entgegne ich ziemlich unwirsch. Was ist der Unterschied? Es ärgert mich, daß sie nur von Werner den Aufstieg im Schuldienst erwartet. Ich bin mir gar nicht sicher, füge ich hinzu, wer von uns beiden mehr Begabung für diesen Beruf mitbringt. Aber manchmal haben wir beide genug von der Schule, von den Schülern und den lieben Kollegen. Und manchmal hängt uns auch der Haushalt, das Putzen, Kochen, Waschen zum Hals heraus. Was ist dabei?

Mom sieht mich verwundert an. Sie wäre gern Lehrerin geworden, das hat sie öfter bekannt. Ihr hattet die Wahl, sagt sie, euch stand vieles offen. Sie spricht es nicht aus, aber sie denkt es wohl: Ihr macht zu wenig daraus.

Es stimmt, verglichen mit ihrer Generation waren wir im Vorteil: Wir konnten wählen. Mom mußte froh sein, daß sie nach der Schule im Büro einer Baufirma unterkam. Rechnungswesen, seufzt sie immer mit einem komischen Unterton, ausgerechnet ich wurde Expertin im Baurechnungswesen.

Vater hat sie von ihren Zahlenkolonnen erlöst. Nicht nur deshalb war sie ihm dankbar. Ein mittlerer Beamter – für eine Kontoristin war er eine gute Partie.

Was hätte ich alles werden können! sagt sie sehnsüchtig und schaut mich an.

Wollen wir das Spiel wieder einmal spielen? frage ich.

Was-wäre-wenn heißt es, und immer geht es darum, daß Mom ihre Wunschrolle übernimmt. Ich habe nur die Stichworte zu liefern. Bei mir darf sie Hotelchefin sein, Unternehmerin oder eine der Verführerinnen aus der Weltliteratur.

Wie wäre es heute mit Tania Blixen? schlage ich vor. Wir könnten uns das Kino sparen.

Mom lacht, diesem Bor wäre sie gern mal an die Gurgel gesprungen, sagt sie, diesem Schuft! – Aber wir haben unser Spiel immer nur zu Hause gespielt, erinnert sie sich. Es geht nur auf

dem roten Sofa mit Kuscheldecke. Und, meint sie, ich habe es eigentlich gar nicht mehr nötig. Vielleicht bist du jetzt dran?
Ich schüttele den Kopf, nein, ich wollte immer nur, was ich bin und was ich habe. Mir fehlt die Phantasie. Was-wäre-wenn paßt nicht zu mir.
Schade, sagt Mom, du lachst viel zu wenig. Ich konnte das immer, auch wenn es für mich eigentlich wenig zu lachen gab. Vater fiel das Lachen sehr schwer, aber mindestens einmal am Tag ist es mir doch meistens gelungen, ihn wenigstens zum Schmunzeln zu bringen.
Du bringst mich jedesmal zum Lachen, versichere ich, das reicht doch!
Es reicht nicht, widerspricht sie. Hastig und deutlich verlegen stellt sie die Frage, die ich den ganzen Nachmittag schon erwartet habe: Bist du glücklich?
Das hast du mich mal gefragt, als wir beide so lange mit dem Kettenkarussell gefahren sind, bis mir übel wurde, erinnere ich sie. Ich werde es dir sagen, wenn es wieder soweit ist. Doch Mom ist nicht nach Scherzen zumute, wenn sie diese Frage stellt.
Glücklich, das Wort setzt sich bei mir fest, als hätte es Haken. Es schmerzt ein wenig, läßt sich nicht abschütteln.
Hast du keine schwierigere Frage, sage ich und drücke ihren Arm. Wie war es bei dir? Warst du glücklich, wenigstens eine Zeitlang?
Mom bleibt stehen, blickt zu mir hoch. Ich? fragt sie erstaunt, aber ich bin es doch auch jetzt, mit dir zusammen.
Sie muß ein unerschöpfliches Reservoir haben, von dem sie zehren kann. In kleinen Portionen holt sie sich dort etwas ab, was mir offenbar fehlt. Ist das Glück? Sie nennt es so. Sie verschafft es sich selbst.
Ach, es ist schön mit dir, sagt sie und lehnt sich ein wenig an

mich. Wir können über alles sprechen. Sie strahlt mich an, sucht nach einem Echo in meinem Gesicht. Ich lächle und hoffe, daß es nicht verzerrt aussieht.
Habe ich dir schon erzählt, daß ich die ersten Reiseteilnehmer zu mir nach Haus eingeladen habe? Nächsten Mittwoch kommen sie. Wir wollen uns auf Prag vorbereiten.
Sie freut sich darauf wie auf eine Party. Wildfremde Menschen machen ihr nichts aus. Sie ist neugierig. Sie wird ihnen ihren Mosel anbieten und eine Platte mit Käsehäppchen bereitstellen. Vielleicht ist jemand dabei, den sie näher kennenlernen möchte. Mom fliegt auf die seltsamsten Menschen – und oft verfliegt sie sich.
Kaum zu glauben, wundert sich Werner immer, wen sich deine Mutter aufgabelt. Aber schließlich ist das ihre Sache.
Selten halten ihre Eroberungen, was sie anfangs versprachen. Ich frage nie nach ihrem Schwarm vom vorigen Mal. Ich weiß ja, daß sie nur verlegen die Achseln zucken kann. Sie möchte gar nicht daran erinnert werden, in welch peinliche Lage sie sich mit ihren Illusionen immer wieder bringt.
Einmal hat sie mir gestanden, daß sie den Reisevertreter, der sich als Inhaber eines florierenden Unternehmens in der Metallbranche ausgegeben hatte, nur mit handgreiflicher Hilfe eines Nachbarn losgeworden ist. Passiert mir nie wieder, hat sie mir versichert. Doch da habe ich meine Zweifel. Seitdem jedenfalls hält sie mich nicht mehr in allen Einzelheiten über ihre wechselnden Freundschaften auf dem laufenden.
Moms Leben nach Vaters Tod ist mir fremd geblieben. Ich wundere mich, wie sie sich verändert hat. Ich bewundere sie auch, daß sie diese andere Natur, die sie jahrelang unterdrückt und verborgen haben muß, nun so unbefangen auslebt. Vater war nicht ihr ein und alles, und ich war es auch nicht, zum Glück. Aber ich konnte wenigstens zeitweise teilhaben an ihren Ausflügen, wie sie es nannte. Wenn ich dabei war, konnte sie

jubeln, kichern, albern sein. Wir haben zusammen getanzt, bis wir beide außer Atem waren. Vater ahnte nichts davon.
Seltsam, daß sie die Distanz, die ich jetzt zu ihr habe, nicht zu spüren scheint. Wir können über alles sprechen – daß ich nicht lache. Da macht sie sich wirklich viel vor. Ich konnte mit ihr noch nie über Dinge reden, die mir wichtig sind, und schon gar nicht über das, was mich beunruhigt.
Wie haben sie es dreißig Jahre miteinander ausgehalten, frage ich mich manchmal. Wie haben sie diesen Alltag durchgestanden, ohne daß Spannungen das Gleichmaß auseinanderrissen? Stets saßen sie sich gegenüber, beim Frühstück, beim Abendbrot, sonntags beim Festtagsbraten. Sie hat ihn angeschaut, ich erinnere mich, manchmal auch gelächelt, ihm die selbstgemachte Marmelade, den Honig hinübergeschoben, den Brotkorb mit den abgezählten drei Brötchen – für jeden von uns eins – gereicht, den Kaffee eingegossen. Ich weiß nicht mehr, was sie geredet haben. Beeil dich, der Schulbus wartet nicht auf dich, das habe ich noch im Ohr. Aber was hat sie zu ihm gesagt, er zu ihr? Seine Augen waren stets hinter den Brillengläsern versteckt. Ob er überhaupt bemerkt hat, welches Kleid sie angezogen, wie sie ihre dichten braunen Haare aufgesteckt hatte?
Sie vertrugen sich gut, habe ich einmal zu Werner gesagt. Er hat spöttisch gelächelt. Vertragen war nicht das richtige Wort. Mir fiel nichts anderes ein.
Dein Vater muß ein geduldiger Mann gewesen sein, hat Werner gesagt. Geduldig, ja, vielleicht auch gleichmütig. Bei uns wurde nicht gestritten. Ich kann es heute noch nicht.
Mom will nun doch nicht zu Tania Blixen. »Out of Africa«, sagt sie vorwurfsvoll, hätten die sich nicht einen deutschen Titel einfallen lassen können?
Laß uns einen Federweißen trinken, schlage ich vor, die Weinstube mit den grünen Samtsofas wird dir gefallen. Werner hat

sie entdeckt. Nach dem Theater sitzen wir dort manchmal noch eine Stunde.
Die Kerzen brennen schon, die braungebeizte Tischplatte sieht vertrauenswürdig aus. Es riecht nach Muscheln oder Zwiebelkuchen. Bloß nicht nach Haus – das denke ich nicht nur jetzt, auch wenn ich mit Werner hier bin, möchte ich hinauszögern, was zu Haus unausweichlich ist.
Ich lade dich ein, sage ich und freue mich, daß sie nicht protestiert. Wir sitzen uns gegenüber wie sie und Vater, wie ich und Werner. Wir haben beide keine Brillen, hinter denen wir uns verstecken könnten. Ich wage es einfach mal, sie zu fragen.
Wie hast du das geschafft, dreißig Jahre am Frühstückstisch und kein Echo auf dein Lächeln?
Sie sieht mich erschrocken an. So schlimm? fragt sie. So schlimm?
Aber da habe ich mich schon gefangen und lache sie an. Ach was, sage ich, Frühstück war noch nie unsere Stärke. Wir haben so viel gemeinsam, tröste ich sie, die Schule, die Bücher, das Theater.
Und das Putzen und Treppewischen, scherzt sie. Euch geht es doch gut!
Noch einen Federweißen, bitte, und zweimal Zwiebelkuchen.

REIZENDES KIND

Auf dem Flur des Hotels bin ich ihr zuerst begegnet. Sie stakste in roten hochhackigen Pumps hin und her und schaute mich, als ich aus meinem Zimmer trat, herausfordernd an. Jeder ihrer Schritte machte ein scharrendes Geräusch auf den graumelierten Fliesen; ihre Füße waren so klein, daß sie schlurfen mußte, um die Schuhe nicht zu verlieren. Sie schwankte auf mich zu; sie war überzeugt davon, daß ich sie bewundern würde. Es schien ihr großen Spaß zu machen. Sie reckte die Schultern und versuchte die leichten wiegenden Bewegungen einer Frau nachzumachen, die sich zur Schau stellt. Wenn sie mit einem jähen Schwung kehrtmachte, flogen ihre hellen seidigen Haare wie ein Pferdeschweif. Ich hörte aus dem Zimmer neben mir rufen: Yasmin! Die Kleine gehorchte sofort. Yasmin, ein seltsamer Name für das blonde Kind.
Ich hatte schon eine ganze Woche in dem altmodischen spanischen Hotel verbracht, das von den Betonburgen rechts und links fast erdrückt wurde. Ich war nicht mehr sonnenhungrig; ich ging nur noch morgens und abends an den Strand, wenn ich sicher sein konnte, daß kaum andere Gäste dort sein würden. Während am späten Vormittag bis zum Nachmittag das Lachen und Rufen von der Küste her wie ein fernes vielstimmiges Geräusch zu mir durch die halbgeschlossenen Jalousien drang, lag ich, nur mit dem Laken bedeckt, auf dem Bett, die harte Roßhaarrolle im Nacken. Ich las, machte mir Notizen oder döste. Ich wollte allein sein.

Beim späten Abendessen sah ich die Kleine wieder. Sie erkannte mich und winkte mir zu. Ihre Mutter hatte die gleichen leichten, hellen Haare. Beide trugen weiße Jeans und gelbe T-Shirts, die an Hals und Armen gerötete Haut freigaben. Am ersten Urlaubstag unterschätzen die meisten die Kraft der Sonne.

Sie hatten sich wie ich Merlot bestellt. Geschickt zerlegte das Kind den Fisch und begann heißhungrig zu essen, während die Mutter noch den Wein probierte, den der Kellner zusammen mit dem Mineralwasser auf den Tisch gestellt hatte. Ich konnte nicht verstehen, welche Sprache sie sprachen, vielleicht Dänisch oder Norwegisch; die hohe fragende Stimme der Kleinen erhielt jedesmal prompt eine Antwort in einem weichen dunklen Ton. Es klang wie ein Instrument, das abwechselnd auf zwei verschiedenen Saiten gezupft wird.

Nach dem Essen ging ich wie gewöhnlich auf die Plaza, um einen Kaffee zu trinken und den Paaren und Gruppen zuzusehen, die palavernd und kichernd unter den Platanen standen oder wie in einem feierlichen Reigen um das Karree flanierten. Beim abendlichen Ritual kamen sich Fremde und Einheimische näher. Die Scheinwerfer waren auf die kupierten Baumkronen gerichtet, in denen bunte Lämpchen glühten, und ließen Licht und Schatten gefiltert durch die Blätter auf die hin und her wogenden Menschen fallen.

Ich hatte mir eine Zeitung gekauft und versuchte, in dem unzureichenden Licht die Schlagzeilen zu entziffern. Als ich aufblickte, entdeckte ich sie: Aneinandergeschmiegt schlenderten sie an mir vorbei, deutlich bemüht, sich dem lässigen Rhythmus der anderen anzupassen. Die Kleine mußte ihr Ärmchen hochrecken, um ihre Mutter zu umfassen. Andere Kinder auf der Plaza tobten herum, lärmten zwischen den Erwachsenen und nutzten die Stunde, bevor sie zeternd ins Bett geschickt wurden. Yasmin trippelte auf Zehenspitzen wie ihre Mutter,

die jetzt die hochhackigen roten Schuhe trug. Ein aufreizender Kontrast zu den engen weißen Hosen. Jedesmal, wenn sie an der dunklen Ecke vorbeigingen, pfiffen die jungen Männer hinter ihnen her, und die Mutter legte wie schützend ihre rechte Hand auf die Schulter des Kindes, als wollte sie es vorwärtsschieben und gleichzeitig verhindern, daß es sich umsehe. Die Männer standen wie gewöhnlich um ein paar chromblitzende Motorräder herum und rauchten. Das anzügliche Pfeifen galt vielleicht gar nicht den beiden Fremden. Ein halbes Dutzend junger Mädchen folgte ihnen schwatzend und kichernd. Sie hatten sich untergehakt zu einer dichten Reihe und machten, so geschützt und unverletzlich, ihre Scherze auf Kosten der jungen Männer.
Ich wanderte langsam durch die dunklen Gassen zurück, in denen die Hitze noch immer das Atmen schwer machte. Am Hafen endlich spürte ich die kühle Brise. Dorthin hatten sich auch Mutter und Tochter geflüchtet. Nach einem Sonnentag im Süden kann man nicht schlafen, ich kenne das. Sie gingen vorsichtig am Kai entlang, wo Segeljachten die Fischerboote verdrängt hatten. Auf den grobbehauenen großen Steinen mußte die Frau mit ihren hochhackigen roten Schuhen balancieren. Sie ließen sich wie zwei helle gelbweiße Falter auf der Mauer nieder und schauten auf das dunkelgraue Meer, auf dem einige Leuchtbojen schaukelten.
Ich hätte sie ansprechen können, irgend etwas über die angenehme Frische hier am Hafen wäre mir schon eingefallen. Aber ich hatte mir vorgenommen, diesen Urlaub allein zu bleiben, mich ganz und gar auf meinen Entwurf für ein Filmskript zu konzentrieren.
In der Nacht regnete es, ein kurzer, heftiger Guß, der den verbrauchten Strand wusch. Am nächsten Morgen drückten sich Fußspuren wie auf Neuland ein. Bis zum Kap brauchte man eine knappe halbe Stunde im mäßigen Lauftempo. Ich hatte in

der einen Woche meine Kondition so verbessert, daß ich jetzt die Strecke ohne Unterbrechung schaffte. Auf dem Rückweg, der Morgensonne entgegen, hielt ich ein paarmal an, machte die empfohlenen gymnastischen Übungen gegen Kreuzschmerzen, atmete tief durch und freute mich auf das Frühstück auf der Terrasse.

Sie kamen mir entgegen, wieder gleich angezogen, diesmal ganz in Blau, das Kind die verkleinerte Ausgabe der Mutter. Beide hatten die Hosen hochgekrempelt, sie patschten am Saum des Meeres entlang, und das kleine Mädchen jauchzte, wenn es die Mutter naßgespritzt hatte. Wir grüßten uns lächelnd und unverbindlich. Zu dieser frühen Morgenstunde waren wir fast allein am Strand. Drei Arbeiter luden auf einen Karren, was sie von der Hinterlassenschaft der Feriengäste zusammengeharkt hatten: Plastikflaschen, Sonnencremetuben, aufgeweichte Zeitungen.

Von nun an sah ich sie jeden Morgen am Strand und abends auf dem Corso. Schon am zweiten Tag folgten ihnen zwei Männer, die offensichtlich die roten hochhackigen Schuhe der Mutter als unmißverständliches Signal verstanden. Die Kleine kicherte über die Komplimente der Don Juans, sie verstand wohl ein wenig Spanisch. Die Mutter ignorierte alle Annäherungen. Während die Tochter die Augen verdrehte und ihren Haarschopf schwenkte, wie sie es von den Spanierinnen gesehen hatte, blieb die Mutter in ihrer Ablehnung wie erstarrt. Die Spielregeln waren ihr fremd.

Tagsüber hielten sie sich abseits. Sie hatten sich westlich vom Hotel zwei Liegestühle unter einem Palmenschirm gemietet, offenbar legten sie keinen Wert auf Bekanntschaften, die ihre Fortsetzung im Speisesaal fanden. Einmal sah ich sie am Kap. Sie hatten in der steinigen Bucht ihre Kleider abgelegt und schwammen nebeneinander hinaus, die Mutter mit langen gleichmäßigen Zügen, die Kleine hastig und deutlich angestrengt das Tempo haltend. Ja, sie mußten aus Skandinavien kommen. Kein Mensch kam hier auf den Gedanken, ohne Badezeug zu schwimmen.

Als ich gegen meine Gewohnheit während der Siesta ans Meer ging, sah ich einen bronzehäutigen Athleten zu ihren Füßen im Sand sitzen. Er bot aus einer Tüte Kirschen an, zuerst der Mutter, dann der Tochter, die jedesmal wütend ablehnte. Ich fand einen schattigen Platz zwischen zwei ans Land gezogenen Fischerbooten, so konnte ich die drei beobachten, ohne gesehen zu werden. Die Mutter lachte und ging auf die Scherze des Mannes ein, dazwischen sprach sie mit der Tochter, eindringlich, beschwichtigend und augenscheinlich etwas verärgert, weil die Kleine ihren Liegestuhl nicht räumte. Der Mann konnte ihr nicht ganz fremd sein, sie ließ sich gefallen, daß er ihre Ohren mit dunkelroten Zwillingskirschen schmückte; auch die Kleine wollte er mit Kirschen behängen. Doch sie schüttelte heftig den Kopf, zog die Knie an und starrte vor sich hin.

Zu dritt machten sie einen Spaziergang am Strand entlang. Aber statt der ausgelassenen Heiterkeit am Morgen knisterte es nun gespannt. Die Kleine trottete mürrisch hinter dem Paar her und schleuderte alle paar Schritte mit den Füßen Sand gegen die Waden des Mannes. Kein Zweifel, sie mochte ihn nicht. Als die beiden vorn sich bei den Händen faßten, blieb das Kind zurück, suchte nach Muscheln und vergrößerte den Abstand immer mehr. Schließlich kehrte es um und trottete langsam zu den Liegestühlen zurück.

Yasmin! Der Ruf war durchdringend und auch auf weite Entfernung zu hören. Aber das Kind kümmerte sich nicht darum. Es hatte die Augen geschlossen und tat so, als sei es eingeschlafen. Erst als die Mutter atemlos angelaufen kam, richtete es sich auf. Widerwillig ließ es sich mitziehen zu dem wartenden Mann, der am Wasser stehengeblieben war und lachend nach der Hand des Kindes griff. Sie nahmen es in ihre Mitte und redeten weiter über seinen Kopf hinweg.

Beim Abendessen saßen sich Mutter und Tochter schweigend gegenüber. Die Kleine hatte den Kopf gesenkt und stocherte lustlos auf ihrem Teller herum. Sie hatte sich nicht wie sonst umgezogen; die Haare fielen ihr strähnig ins Gesicht. Die Mutter dagegen hatte eine Nelke im hochgesteckten Haar befestigt, sie hatte sich sorgfältig geschminkt. Sie machte kein Hehl daraus, daß sie ohne das Kind ausgehen würde. Beide hatten den gleichen trotzigen Zug im Gesicht. Aber während die Kleine verzweifelt bemüht war, ihre Tränen zu unterdrücken, breitete sich bei der Mutter so etwas wie Triumph aus. Sie hatte sich durchgesetzt, nun ließ sie sich nicht mehr davon abbringen, ihren Sieg zu genießen. Das Kind schien in sich zusammenzusinken, kleiner zu werden, hilfloser; es wehrte sich nicht mehr, sondern litt nur noch stumm.

Den Nachtisch aßen sie eilig. Die Frau stand auf, strich ihr schulterfreies weißes Kleid glatt und nahm die rote Handtasche, die genau zu den hochhackigen Schuhen paßte. Die Augen der Männer im Speisesaal folgten ihr zur Tür, durch die sie ihr Kind fast ein wenig ungeduldig schob. Sie würde es schnell zu Bett bringen.

An diesem Abend blieb ich auf meinem Zimmer. Eine Weile hörte ich das Schluchzen nebenan. Dann wurde es still. Das Kind hatte sich in den Schlaf geweint. Ich las noch lange beim trüben Licht der Nachttischlampe, aber meine Gedanken irrten immer wieder ab.

Der Morgen ist in dieser Gegend die beste Zeit. Aber die wenigsten Gäste genießen ihn. Sie nehmen das Licht erst wahr, wenn es blendet und sengt. Der schwere Wein am Abend verdirbt ihnen die frühen Stunden.

Ich hatte damit gerechnet, daß ich sie wieder in der kleinen steinigen Bucht treffen würde. Sie hockten beide auf dem glat-

ten Felsen, der von der Morgensonne schon ein wenig angewärmt war, und trockneten sich die salzverklebten Haare. Wieder fiel mir die Ähnlichkeit ihrer Bewegungen auf. Die Kleine warf den Kopf genauso wie ihre Mutter zurück, und genauso gebogen war auch ihr schmaler Rücken. Beide zogen sich eilig ihr T-Shirt über, als sie mich näher kommen sahen. Sie mußten sehr früh schon geschwommen sein.
Ich versuchte es mit einer englischen Floskel, nice day, isn't it, oder so etwas, und die Mutter antwortete genauso formelhaft, wandte sich aber gleich so abrupt ab, daß ich es bei diesem belanglosen Annäherungsversuch beließ.
Die beiden machten sich auf den Rückweg. Die Frau und das Kind liefen nebeneinander her, als hätten sie kaum etwas miteinander zu tun, als erfüllten sie beide einen Auftrag, der keinen Aufschub und keine Ablenkung duldete. Das Kind blickte ernst und entschlossen vor sich hin, und seine Mutter schien so in Gedanken verloren, daß sie überhaupt nicht bemerkte, daß der bronzehäutige Mann im Schatten eines Palmenschirms zu Füßen einer anderen Schönen im Sand lag.
Als ich mittags zum Kiosk ging, um eine Zeitung zu kaufen, sah ich sie an der Haltestelle. Diesmal hatten sie sich beide für Rosa entschieden, ein zartes Azaleenrosa, das sie beide noch schmaler und zerbrechlicher erscheinen ließ. Die Kleine trippelte aufgeregt herum und kletterte schließlich auf den Betonsockel des Zauns, um einen Überblick zu bekommen. Der Bus hielt, und zwei Dutzend Fahrgäste drängten hinaus. Die Kleine hatte den blonden Mann längst schon entdeckt, bevor er sich gebückt dem Ausgang näherte. Sie flog auf ihn zu, noch ehe er die schwere Reisetasche absetzen konnte. Mit der freien linken Hand streichelte er ihren Rücken, während sie seinen Hals umklammerte und ihn auch nicht freigab, als der große Mann sich wieder aufrichtete. Die Frau war verlegen lächelnd am Rand des Bürgersteigs geblieben. Der Mann hob seine Tochter über

seinen Kopf hinweg auf seine Schultern. Jetzt hatte er wenigstens eine Hand frei, um seine Frau zu begrüßen. Aber die Kleine stieß mit ihren Füßen die Mutter weg.
Es war mein letzter Abend im Hotel. Die drei saßen schon bei Tisch, als ich den Speisesaal betrat. Der große Mann sprach auf die Frau zu seiner Rechten ein. Das Kind hörte gespannt zu. Es hielt die Hand seines Vaters, die ruhig neben dem Fischbesteck lag, fest, als wolle es sie niemals mehr loslassen.

ZÄHNEKNIRSCHEN

Auf dem Rückweg habe ich mich dabei ertappt, daß ich mit den Zähnen knirschte. Ich fuhr viel zu schnell auf der regennassen Straße. Und obwohl der Motor meiner altersschwachen Karre dröhnt, wenn der Tacho auf hundert klettert – das Geräusch in meiner Mundhöhle war noch lauter: als ob meine Zähne in einer groben Mühle langsam zerbrochen würden. Ich versuchte meinen Unterkiefer zu entspannen, biß mich sanft in die Zunge, um mich selbst zu bestrafen, weil ich so zerstörerisch mit mir umging.
Heute nacht hast du wieder einmal geknirscht – das habe ich als Kind oft zu hören bekommen, wenn ich vorübergehend den leeren Platz in Mamas Doppelbett ausfüllen durfte. Es klang spöttisch oder vorwurfsvoll, niemals besorgt über die hilflose Wut, die sich da im Traum in meinem Mund austobte. Manchmal bin ich selbst von meinem Knirschen aufgewacht.
Ich werde nicht mehr zu ihr fahren, wenn sie Gäste hat. Ich kann es nicht ertragen, wie sie ihr abgenutztes Repertoire abspielt, das doch jeder ihrer Freunde kennt. Sie macht sich lächerlich als alternde Diva, die sich in ihrem Ruhm sonnt. Es gab keinen Ruhm, zu keiner Zeit; sie ist heute nicht vergessen, sie wurde niemals entdeckt. Sie war niemals ein Bühnenstar, nicht einmal eine Chargenschauspielerin. Ich kann einfach nicht verstehen, daß sie sich immer noch etwas vormacht, daß sie sich so absurd selbst belügt.
Aber dann, hat sie heute wieder einmal zum besten gegeben,

gerade als ich die erste große Rolle, die Stella, bekam, wurde ich schwanger.

Die gepflegten Köpfe ihrer Brigdefreunde wandten sich alle zu mir. Natürlich, ich war schuld an der verpfuschten Karriere meiner Mutter. Stella mit Baby – das war unmöglich. Angeblich hatte sie sich nach schweren inneren Kämpfen für mich entschieden. Sie hatte sich durchgerungen, mich auszutragen. Dafür mußte ich nun von Anfang an mit der Last aufwachsen, den Aufstieg einer ungewöhnlichen Schauspielerin verhindert zu haben. Mama hat sich auf meine Kosten eine Legende zugelegt. So sehe ich es wenigstens. Gründe für meine Wut habe ich also reichlich. Doch meistens gelingt es mir, achselzuckend hinzunehmen, was ich anscheinend nicht ändern kann.

Diesmal konnte ich mich nicht beherrschen: Ich habe so laut gelacht, daß ich mich verschluckte und prustend aus dem Wohnzimmer gestürzt bin. Als ich zurückkam, herrschte immer noch betretenes Schweigen. Nur Bruno, Mamas neueste Eroberung, lächelte mir unbefangen zu.

Da ist ja das süße Baby, spöttelte er. Ein Glück, wandte er sich an Mama, wenn du dabeigeblieben wärst, müßtest du jetzt die böse Alte spielen!

Meine Mutter, die verhinderte Diva, hat mich als Kind mit ihren Auftritten gequält. Ob es der Heizungsmonteur war oder der neue Nachbar, vor dem sie ihre Pfauenräder schlug – ich bekam einen roten Kopf vor Scham. Ich brachte keinen Ton heraus, wenn sie im Schulsekretariat vorgab, gerade ein Telegramm erhalten zu haben, in dem ihr ein verlockendes Engagement angeboten wurde. Deshalb, flehte sie, geben Sie mir doch bitte so früh wie möglich einen Termin beim Direktor.

Du hast gelogen, habe ich ihr oft vorgeworfen. Aber sie lacht dann nur. Sie wisse schon, wie man etwas erreiche. Sie ist auch heute noch überzeugt, daß ihre wichtigtuerischen Aktionen überaus erfolgreich sind. Ich habe den Verdacht, daß sie für

kurze Zeit selbst an ihre Lügen glaubt. Jedesmal ist sie stolz, wenn es ihr auf diese Weise gelungen ist, sich durchzusetzen.
Sie sah heute wieder einmal fabelhaft aus. Ein perfektes Makeup. Wenigstens das hat sie bei dem Versuch, Schauspielerin zu werden, gelernt. Eine blendende Erscheinung, hat einer ihrer Liebhaber einmal gesagt. Im Anfangsstadium lassen sie sich alle gerne blenden.
Ihre Bett- und Ausgehgefährten hat sie nie über einen längeren Zeitraum fesseln können. Die Beziehungen finden meistens ein abruptes Ende. Mama tritt zum Schluß noch einmal als Tragödin auf, und der Liebhaber sucht so schnell wie möglich das Weite. Der Vorhang fällt, aus. Das Stück ist zuletzt meistens eher peinlich als traurig. Mama tröstet sich gewöhnlich erstaunlich schnell. Jeder Neue bedeutet neues Publikum, das zumindest anfangs hingerissen scheint. Applaus ist alles, was sie braucht. Der Partnerwechsel bedeutet für sie jedesmal eine neue Rolle.
Heute trug sie ein apricotfarbenes Ensemble, das ihre helle Haut schimmern ließ. Gewagt, fand ihre Freundin Kara. Mama nahm es als Kompliment. Sie hatte das farblich dazu passende Rouge genau auf die Wangenknochen gesetzt und sanft verrieben, den Perlmutter-Lidschatten nur angedeutet. Ihre kastanienbraunen Haare hatte sie zu einer glänzenden Löwenmähne gebürstet, die bei jeder heftigen Bewegung Funken zu sprühen schien. Doch, sie ist schön. Ich habe sie immer bewundert.
Ich dagegen – es mag ja kindisch sein, daß ich mir immer etwas Graues überziehe und nicht einmal Lippenstift benutze, wenn ich zu Mama fahre: die unscheinbare Maus neben der blendenden Erscheinung. Wenn ich nicht aufpasse, werde ich gleich wieder anfangen, mit den Zähnen zu knirschen.
Hör mal, hat Frank neulich gefragt, kannst du nicht endlich

mal lachen über deine Alte? Er findet sie umwerfend komisch. Sie ließe sich so leicht auf den Arm nehmen, meint er, und sei nicht einmal beleidigt, wenn er sich auf ihre Kosten lustig mache. Daß er sie durchschaut, hat sie schnell gemerkt. Auch Kara macht sie nichts vor, die ist ihre Trösterin in allen Niederlagen. Bei Kara kann sie sich ausweinen. Bei mir nicht. Ich gönne ihr halbwegs ihre Triumphe oder was sie dafür hält, ihre Katastrophen sind mir gleichgültig oder widerwärtig.

Merkwürdig, wir haben zwanzig Jahre zusammengelebt, manchmal auch ganz friedlich, und immer noch reibe ich mich an ihr wund. Stets hatte ich das Gefühl, daß sie ganz gut ohne mich auskommen würde. Sie war immer so mit sich selbst beschäftigt, daß sie mich darüber vergaß. Ich war ihr lästiges Anhängsel, ihr Klotz am Bein, über den sie nicht selten stolperte und ärgerlich wurde. Ihr Kuschelkind, wenn absolut niemand sonst zur Verfügung stand oder wenn sie gerade die Rolle der liebenden Mama spielte.

Auch heute noch bettele ich um Liebe. Einmal wenigstens möchte ich spüren, daß ich ihr wichtig bin, wichtiger als ihre erfundene Karriere als Heroine, wichtiger als ihre Freunde, die ihr Ersatzpublikum sind, wichtiger als ihre Schüler. Ja, Schüler. Sie gibt Sprechunterricht, lehrt Atemtechnik, Rhetorik. Sie muß es erstaunlich gut machen, sonst könnte sie es sich nicht leisten abzuweisen, wen sie nicht mag oder wer sich an den Blumenopfern nicht beteiligt. In ihrem Arbeitszimmer, in dem auch der Flügel steht, duftet es immer nach Blumen. Sie liebt Hyazinthen und Madonnenlilien. Die rosageäderte weiße Orchidee auf ihrem Schreibtisch kauft sie sich selbst, sie ist teuer, aber sie hält sich dafür wochenlang. Ein bißchen Luxus brauche sie, sagt sie. Ihre Schüler bringen ihr Rosen mit – sie hat ihnen zu verstehen gegeben, daß sie weiße oder rote Rosen von ihnen erwartet –, und jedesmal bricht sie in jubelnde Begeisterung aus. Rosen, das ist wie früher! seufzt sie dann mit verklär-

tem Blick. Als erinnere sie sich an die Arme voller Rosen nach Premieren.
So weit ich zurückdenken kann, gab sie am Nachmittag Unterricht. Die Methoden hat sie sich nach Büchern selbst einstudiert. Nur bei mir versagte ihr angelerntes Wissen. Jahrelang habe ich jämmerlich gestottert, sobald mich nur jemand ansah. Ich durfte niemals die Tür öffnen, wenn der nächste Schüler klingelte. Das stotternde Kind war geschäftsschädigend, also mußte es versteckt werden. Eine Zeitlang war es auch zu groß und zu plump; es hätte das Alter seiner Mutter verraten können, die es noch nicht aufgegeben hatte zu versuchen, eine Affäre in eine dauernde Bindung zu verwandeln.
Frank hat mich einmal nach meinem Vater gefragt. Da hätte ich ihm verschiedene Versionen einer Geschichte erzählen können, die stets mit der wunderbaren großen Liebe begann und mit einem grausamen Unfalltod endete. Bis heute weiß ich nicht, was davon wahr ist und wer mein Vater eigentlich war. Aber da ich ihn nicht gekannt habe, fehlte er mir auch nicht. Ich bin überzeugt, daß ich ihn nicht brauche. Meine Mutter macht mir genug zu schaffen.
Natürlich hättest du ihn gebraucht, sagt Frank immer, auch jetzt noch. Jeder Mensch brauchte beide, Vater und Mutter. Identität, du weißt ja!
Ich kann nur die Achseln zucken. Bei Frank knirsche ich nie mit den Zähnen. Er ist die reine Vernunft und Verständnisbereitschaft. Mama findet ihn »zum Verlieben«. Viel fehlte nicht, und sie würde alles tun, um ihn mir abspenstig zu machen. Aber Frank hält auf Distanz, er amüsiert sich über sie, er findet sie sogar bewundernswert. Schließlich, sagt er, hat sie sich ja ganz wacker durchgeschlagen. Du solltest das ruhig mal anerkennen. Was willst du eigentlich mehr?
Ja, was will ich eigentlich mehr, was will ich noch von ihr? Ich sollte mich besser um mein eigenes Leben kümmern. Ich sollte

sie nicht mehr besuchen. Vielleicht würde sie sich Gedanken machen, warum ich nicht komme. Vielleicht würde sie mich vermissen. Doch darauf müßte ich wahrscheinlich lange warten. Ich sollte mich endlich damit abfinden, daß sie so ist, wie sie ist: eine Möchte-gern-Diva, die nie die Stella spielen konnte. Eine Mutter, die ihr Kind als Vorwand für das Scheitern eines Lebensplans mißbrauchte. Eine alternde Frau, die nicht mehr herausfindet aus der Rolle, die sie sich aus vergeblichen Wünschen zurechtgeschneidert hat.
Mitleid wäre vielleicht die Brücke, über die ich zu ihr gelangen könnte. Mitleid? Mit dieser blendenden Erscheinung im apricotfarbenen Ensemble, umgeben von Freunden, die sie bewundern, vielleicht sogar begehren? Daß ich nicht lache! Nein, sie braucht weder mich noch mein Mitleid.
Es regnet immer noch, auf der Straße spiegeln sich Laternen und Leuchtreklamen. Heimkommen um diese Zeit ist wie die Rückkehr in eine Höhle. Ich werde mir sofort einen Grog machen und mich in das halbe Dutzend Kissen kuscheln, die ich auf meiner Couch versammelt habe. Bevor Frank die Wohnungstür aufschließt, muß ich das Zähneknirschen überwunden haben. Ich werde mir den roten langen Rock aus dem Schrank holen, dazu den ausgeschnittenen Pullover, die Haare werde ich hochbinden, die Stirnfransen zurechtzupfen und die Lippen sorgfältig schminken.
Ganz nett, werde ich beiläufig sagen, wenn Frank fragt, wie es war. Wie immer ganz nett.
Er wird mich erstaunt ansehen, vielleicht auch bemerken, daß ich nicht mehr die graue Maus bin, die ihre attraktive Mutter besucht hat. Er wird mich in die Arme nehmen, das weiß ich genau.

DU HAST MICH NIE GESTÖRT

Und das, sagte sie, ist mein Lieblingsplatz. Sie stützte sich auf ihren Stock, während sie sich vorsichtig auf der grüngestrichenen Holzbank niederließ. Sie muß Schmerzen haben, dachte ich, sie bewegt sich so vorsichtig, als fürchte sie einen weiteren Überfall qualvoller Pein. Wir sind ganz langsam durch den Park gegangen, immer wieder waren wir stehengeblieben, weil sie mir angeblich eine Rose zeigen wollte oder die geschlitzten Blätter des Ginkgo. Sie brauchte Pausen.
Es ist schön hier, sagte sie, und ihr angestrengtes Gesicht entspannte sich ein wenig. Bei Westwind rauscht die Autobahn; es stört nicht, ich höre es ganz gern. Ich denke dann, noch bin ich nicht ganz aus der Welt gefallen.
Sie lächelte mich an, als erwartete sie, daß ich protestierte.
Wir haben sie nach der Operation in diesem Sanatorium untergebracht. Wir mußten sie überreden, sie wollte gleich nach Hause.
Sie hatte uns mißtrauisch angesehen: Wollt ihr mich abschieben?
Sven und ich haben beteuert, daß uns solche Gedanken fernlägen, daß wir nur ihr Wohlbefinden und ihre vorübergehende Pflegebedürftigkeit im Auge hätten, daß wir sie mindestens einmal in der Woche besuchen würden. Mindestens, haben wir versichert. Und der Arzt hätte es doch auch empfohlen.
Sie fügte sich mit diesem resignierten Zug um den Mund, den sie jetzt immer öfter bekommt, wenn wir ihr widersprechen. Sie

schwieg und sah mich mit ihren eingesunkenen Augen an. Ich kann ihr nichts vormachen. Sie errät, was ich denke. Aber wir halten uns an unser bewährtes Abkommen: Nichts aussprechen, was verletzen könnte.
Ihr seid unehrlich, hat Sven mir wiederholt vorgeworfen. Warum kehrt ihr immer alles unter den Teppich? Warum fürchtet ihr Auseinandersetzungen? Unterdrückte Wahrheiten vergiften die besten Beziehungen.
Vielleicht hat er recht. Aber mit Mutter kann man nicht streiten, sie war immer zerbrechlich, sie mußte immer geschont und beschützt werden. Und nun ist es ohnehin zu spät. Mutter hat Krebs, sie wird nicht mehr lange leben. Sie braucht keine Wahrheiten, die schmerzlich sind.
Mit Sven hat sie sich längst abgefunden. Daß er sich noch immer von einem Stipendium zum anderen hangelt und zwischendurch ohne Skrupel von meinem Beamtengehalt lebt, nimmt sie hin. Viel mehr trifft sie, daß wir keine Kinder haben wollen, nicht jetzt oder überhaupt nicht.
Wir haben doch dich, um die wir uns sorgen, hat Sven einmal gesagt und sich zu ihr herabgebeugt.
Ihm verzeiht sie solche Bemerkungen, mit ähnlich lakonischen Feststellungen bringt er sie öfter zum Lachen. Sie mag seine tapsige Unbefangenheit, in der sie nichts als Gutmütigkeit sieht.
Es war mein vierter Besuch. Sie hatte es aufgegeben, mir etwas vorzutäuschen. Sie sprach nicht mehr von Heimkommen. Solange es ginge, würde sie in diesem Sanatorium bleiben. Was danach kam – sie wußte es.
Als wir nebeneinander auf der Bank saßen, suchte sie meine Hand. Ich fühlte ihre kühle, zarte Haut; meine Finger umschlossen ganz vorsichtig ihre federleichte Linke. Ich bin mir, verglichen mit Mutter, immer grobknochig und robust vorgekommen, jetzt schien sie mir geradezu schwerelos. Ihre weißen

kurzgeschnittenen Haare umrahmten ein fast faltenloses Mädchengesicht. Sie hat immer diese Pagenfrisur gehabt. Nach Vaters Tod wurden ihre braunen Haare weiß. Prinzchen hat er sie genannt. Es paßte zu ihr.
Weißt du noch, fing ich an, wie du mir Chopin vorgespielt hast und ich Halt! rufen sollte, wenn sich deine Finger in den Läufen verirrten?
Sie lächelte, ich habe dich gequält.
Aber nein, versicherte ich, Chopin kann nicht quälen.

Es war aber immer eine Qual für eine Zehnjährige; ich erinnere mich noch genau, wie ich diese abverlangte Konzentration gehaßt habe. Außerdem kam es mir barbarisch vor, die Fingerläufe meiner Mutter zu unterbrechen. Noch heute kann ich Chopin nicht hören, ohne an die seltsame Methode zu denken, mit der Mutter mich in ihre Musikstudien einbezog.
Wärst du gern Pianistin geworden? Das habe ich öfter gefragt, weil jedesmal ihre Augen aufleuchteten, wenn sie mir erzählte, wie nah sie diesem Ziel gewesen sei.
Jetzt hob sie nur die Hände und ließ sie wieder fallen: Ich hätte wohl dazu nie genug Kraft und Ehrgeiz gehabt, sagte sie.
In ihrem Schrank hing jahrelang das schwarze lange Samtkleid mit dem vergilbten Spitzenkragen, das sie bei den wenigen Auftritten getragen hat. Es würde ihr heute noch passen. Jedesmal, wenn sie den Schrank öffnete, glitten ihre Hände über den Samt, als wolle sie mit dieser Berührung Erinnerungen wecken.
Mutter als Pianistin, ich hätte es ihr gewünscht. Später, als Vater tot war, hat sie Klavierstunden gegeben. Sie schrieb das selbstverdiente Geld in ein Vokabelhaft ein. Ich spare es für eine Reise, versprach sie mir. Es muß so wenig zusammengekommen sein, daß es nie für eine Reise, nicht einmal für eine Fahrt in den Schwarzwald, gereicht hat.

Sie saß immer kerzengerade auf der Klavierbank, während ihre Schüler sich auf dem lederbezogenen Drehhocker vor dem Bechsteinflügel mit »Elise« oder anderen Anfänger-Stücken plagten. Sie knetete ständig ihre Finger, als litten auch die unter den Mißtönen oder der Lustlosigkeit ihrer Schüler. Sobald einer von ihnen gegangen war, setzte sie sich wieder und übte ihre Läufe, bis sie sicher war, eins ihrer Lieblingsstücke fehlerfrei spielen zu können: Chopin, immer wieder Chopin. Es war, als wollte sie damit dem malträtierten Flügel für den Mißbrauch vorher Abbitte leisten.

Daß ich mich weigerte, Klavier zu spielen, hat sie mit einer gewissen Erleichterung akzeptiert. Noch eine Schülerin, die auf ihren Nerven und der geschundenen Tastatur des Flügels hämmerte, wäre kaum zu ertragen gewesen. Aber Latein und Griechisch, darauf bestand sie unnachgiebig. Ich brachte schlechte Zensuren heim.

Wäre nicht das Klavier gewesen, sie hätte ein lautloses Leben geführt. Auch als Vater noch lebte, war es still bei uns. Prinzchen sorgte für uns, huschte herum, rückte alles an seinen Platz, tischte auf und räumte ab. Wenn Vater aus seiner Kanzlei heimkam, strahlte sie ihn an. Er ließ sich in den breiten Ohrensessel sinken, und sie nahm zierlich auf der Lehne Platz, den Arm um Vaters Nacken gelegt.

Sie brauchten mich nicht. Ohne mich wären sie genauso glücklich gewesen, vielleicht sogar glücklicher. Ich störte ihre Harmonie. Während Vater ihr von seinen Fällen erzählte, verzog ich mich in mein Zimmer. Sie wollten allein sein, das war deutlich zu spüren.

Eine Katze hätte ich gern gehabt oder einen Hund. Aber Mutter war empfindlich gegen Tierhaare. Das Aquarium, das ich zu Weihnachten bekam, war kein Ersatz. Ich habe es wenige Wochen später an einen Jungen in unserer Straße verkauft. Die Hälfte der Fische lebte noch. Vater hat es mir nie verziehen.

Er war viel älter als sie, eine altmodische Vaterfigur, die von fern bewundert werden wollte und Strenge für das oberste Gebot der Erziehung hielt. Ich habe die Distanz zu ihm nie durchbrochen. Mutter hatte damit keine Schwierigkeiten. Wenn sie zusammen spazierengingen, steckte sie ihre kleine Hand in Vaters Manteltasche und lehnte sich an ihn. Er muß sie bei jedem Schritt gespürt haben. Sie waren so eng verbunden, daß sie nicht gemerkt hätten, wenn ich ihnen nicht mehr gefolgt wäre.
Ob ich eifersüchtig war? Sven hat mich das gefragt. Ich glaube nicht. Ich wollte keinen von beiden für mich allein, und es schien mir ganz unmöglich, uns drei als Einheit zu erleben. Ihnen fehlte nichts, wenn sie zusammen waren. Mir fehlte alles.
Nach dem Abendbrot spielte sie Vater vor, aber wenn er die Augen schloß und einnickte, stand sie auf und ging leise hinaus. Nur einmal habe ich sie weinend in der Küche sitzen gesehen. Ich konnte sie nicht trösten, ich war Vater zu ähnlich. Musik war einzig ihr Paradies. Wir hatten dorthin keinen Zugang.
Als sie den Flügel verkaufte, weil ihre Finger steif geworden waren und die neue Wohnung keinen Platz für ihren Bechstein hatte, habe ich ihr einen Plattenspieler mit den Aufnahmen aller Klavierstücke, die sie geliebt hat, geschenkt. Sie hat sie nie aufgelegt.
Du konntest nicht wissen, daß ich immer noch weine, hat sie sich fast verlegen entschuldigt.
Ich weiß gar nicht, womit sie sich beschäftigte, nachdem sie nicht mehr spielen konnte. Vormittags ging sie spazieren, sorgfältig angezogen, ihren kleinen taubenblauen Filzhut in die Stirn gedrückt, den Einkaufsbeutel aus Kunstleder am Arm. Manchmal habe ich sie begleitet. Sie ging immer zuerst zum Teich, wo die Enten schon auf ihre Brotbrocken zu warten schienen. Sie grüßte die alten Leute, die auf den Bänken in der Sonne saßen, scheu und mit hastiger Verlegenheit.

Kennst du sie? habe ich einmal gefragt. Aber sie schüttelte den Kopf. Es geht ihnen wie mir, sagte sie, bei gutem Wetter sind sie im Park. Ihr schien das genug Gemeinsamkeit: Menschen, die wie sie einsame Stunden am Teich verbrachten. Sie hatte kaum Freunde. Früher hatte sie sich hinter Vaters breiten Rücken zurückgezogen. Sie lebte in seinem Schatten.

Sie liebte es, wenn ich sie zum Essen einlud. Während wir beim Seewirt auf die Forelle blau warteten, bewegten sich ihre Finger auf dem weißen Tischtuch, als übten sie Läufe. Sie hielt erschrocken inne, als sie meinen Blick auf ihren verkrümmten Händen fühlte. Es ist eine dumme Gewohnheit, entschuldigte sie sich, ich habe so lange jede Gelegenheit genutzt, die Finger geschmeidig zu halten. Sie schien noch immer der lautlosen Musik nachzulauschen.

Wir sprachen leise mit großen Pausen, in denen wir uns bemühten, keinen Lärm mit dem Besteck zu machen. Wir saßen uns wie Fremde gegenüber, höflich, aber kaum interessiert, mehr voneinander zu erfahren, als wir schon wußten.

Ich bin froh, daß du versorgt bist, sagte sie öfter. Es beruhigte sie, daß ich bei der Stadtverwaltung eine unkündbare Stelle habe. Latein und Griechisch hätte ich dafür nicht gebraucht. Ob sie erwartet hatte, daß ich einmal mehr als eine mittlere Beamtenlaufbahn erreichen würde? Wir haben nie darüber gesprochen. Ich erzählte ihr von den Vergünstigungen für Beamte. Sie war erleichtert, daß sie sich nach Vaters Tod nicht noch mehr einschränken mußte.

Sobald ich genug verdiente, zog ich aus. Es schien für sie kein großer Verlust zu sein. Es genügte ihr, daß ich sie gelegentlich – nach telefonischer Anmeldung – besuchte. Sie stellte keine Ansprüche und klagte nie.

Erzähl von früher, habe ich sie manchmal gebeten. Aber über Vater zu sprechen fiel ihr immer schwer. Sie hütete die Erinnerungen an ihn wie einen Schatz, den sie mit niemandem teilen

wollte. Du verstehst nicht, was er mir bedeutet hat, hat sie meine Fragen zurückgewiesen. Du kanntest ihn zu wenig.
Hat er von dir verlangt, daß du das Konservatorium aufgabst? habe ich gefragt. Hattest du Angst vor ihm?
Sie schüttelte erschrocken den Kopf. Ich habe ihn geliebt, sagte sie. Ich wollte nichts anderes. Er brauchte mich.
Ich kann mir nicht vorstellen, daß es ihr leichtgefallen ist, ihre Ausbildung abzubrechen. Ein halbes Jahr vor dem Examen gab sie auf. Vielleicht hat sie sich damals selbst aufgegeben. Sie wurde Vaters Schatten, sein Prinzchen. Bei ihr erholte er sich vom Gericht, von seinen Fällen. Am Klavier konnte sie bleiben, was sie einmal gewesen war. Sie spielte Etüden, sie übte für eine unerreichbare Vollkommenheit.

Wir saßen schon zu lange auf der Bank. Es wurde kühl. Noch immer hielt ich ihre Linke in meiner Hand, wärmte sie, streichelte mit dem Daumen ihr Handgelenk, auf dem die Adern bläulich hervortraten.
Es ist schön mit dir, sagte sie plötzlich. Es war immer schön. Du hast mir nie Kummer gemacht.
Ob sie wirklich nie etwas entbehrt hat? Ob sie nie gespürt hat, wie fern wir uns immer waren? Ob sie für Rücksicht hielt, was doch auch Gleichgültigkeit war?
Wir konnten immer gut gemeinsam schweigen, sagte sie. Du hast mich nie gestört.

Es war mein letzter Besuch, in der Nacht danach ist sie gestorben. Ein sanfter Tod, sagten sie im Sanatorium.

TEESTUNDE

Diesmal wird alles anders sein. Ich werde nicht wieder die alten Fehler machen. Sie soll sehen, daß ich mich geändert habe. Sie kommt zu mir, sie kommt nach Haus, da wird alles leichter sein.
Laß uns neu anfangen, werde ich sagen. Oder klingt das zu pathetisch und verbraucht? Wer kann schon neu anfangen? Wir schleppen ja doch die Versäumnisse und Enttäuschungen mit uns.
Mit Worten war ich ihr gegenüber oft ungeschickt; erst hinterher, wenn ich sah, was ich angerichtet hatte, fiel mir ein, was ich hätte sagen müssen. Ich war unsicher, deshalb habe ich viel zu oft geschwiegen. Die Zeit, dachte ich, würde uns helfen. Tina würde mich allmählich verstehen, akzeptieren, daß ich auch ein eigenes Leben führen will.
Wir haben uns lange nicht gesehen. Bei meinem letzten Besuch in der Hallerstraße mißlang mir von Anfang an alles. Ich konnte den Knoblauchgeruch, der von der Küche aus die Zweizimmerwohnung durchdrang, kaum ertragen. Ich kämpfte mit Übelkeit.
Ali kocht nun mal mit Knoblauch, sagte Tina, daran mußt du dich gewöhnen.
Wieso gewöhnen? fuhr ich sie an. Ich habe nicht vor, bei euch zu überwintern.
Um so besser, konterte sie patzig. Wir haben nämlich heute abend etwas vor.

Ich hatte mich mindestens eine Woche vorher angesagt. Vorsichtig hatte ich gefragt, ob es ihnen passen würde. Nach Dienstschluß würde ich kommen. Bitte keine Umstände.
Die Sachertorte hatte ich am Abend davor gebacken. Ich hatte vergessen, wieviel Mühe die vielen Schichten machten. Der Schokoladenguß war nicht ganz gelungen, er erkaltete zu schnell und wurde rissig. Sachertorte mit ihrem Namen aus dickem Zuckerguß hatte sie sich immer zum Geburtstag gewünscht. Auf der letzten stand weiß umringelt die Zahl neunzehn.
Ich hatte mich auf den Besuch gefreut. Wir würden auf dem neuen blauen Sofa sitzen, das ich ihr zu Weihnachten geschenkt hatte, so stellte ich es mir vor, eine Kerze auf dem niedrigen Tisch, dazu die Teetassen von Großmutter mit den friesischen Rosen, die Tina geerbt hat.
Früher liebte sie die Teestunde, wenn ich von der Arbeit nach Haus kam. Oft hatte sie schon alles auf dem Tablett bereitgestellt. Nie hat sie die Zuckerschale mit dem braunen Kandis vergessen.
Ich bin schon fertig, sagte sie.
Das hieß, die Schularbeiten waren gemacht, das Wohnzimmer aufgeräumt. Sie zündete das Licht im Messingstövchen an und rückte den Sessel zurecht, damit ich die Füße auf den Hocker legen konnte. Manchmal fingen wir zur gleichen Zeit zu reden an, wir sahen uns dann an und lachten.
Ich zuerst, sagte Tina.
Sie mußte unbedingt und ganz schnell etwas loswerden. Ein paarmal bin ich eingeschlafen, während sie von der Schule und von ihren Freunden erzählte. Sie nahm es mir nicht übel.
Armes Mütterchen, sagte sie, penn ruhig.
Sie blieb sitzen, bis ich mich erholt hatte, füllte die Teetassen auf, bewachte meine Erschöpfung.

Dein Harry hat angerufen, sagte sie manchmal ein wenig schnippisch. Vielleicht war es auch Rudolf oder Max.
Sie sagte es immer in diesem halb spöttischen, halb vorwurfsvollen Tonfall und wartete jedesmal gespannt, wie ich reagieren würde.
Ruft er wieder an? mußte ich immer erst fragen, sie sagte es nie von allein. Sie wollte unbedingt herausbekommen, wie wichtig mir die Anrufe waren.
Dein Harry verreist übers Wochenende, soll ich dir ausrichten.
Die Schadenfreude war unüberhörbar. Kein Zweifel, sie war eifersüchtig. Sie wollte mich für sich allein.
Wenn ich schon mit einem Drei-Wochen-Ferien-Vater auskommen muß, will ich wenigstens eine ganze Mutter haben, hat sie einmal gesagt.
Zu meinen Freunden war sie launisch oder unverschämt. Sie hat sie abgelehnt. Sie hat keinen Vaterersatz gesucht. Unsere Abendessen zu dritt in unserer Küche waren eine Katastrophe, die Kinobesuche nicht minder. Nur beim Skilaufen oder Bergsteigen hatte sie nichts gegen meine Freunde einzuwenden.
Die Fahrt ist gesichert und die Jause auch, stellte sie nüchtern fest. Oder: Mütterchens Boys können auch nützlich sein.
Sie hat Harry wie Max oder Rudolf verachtet und kein Hehl daraus gemacht. Es ist mir nie gelungen, gegen ihre Vorurteile aufzukommen. Im Zweifelsfall stand ich auf ihrer Seite, das wußte sie, sie legte es immer wieder darauf an, daß ich mich entscheiden mußte.
Max hat es einmal laut ausgesprochen: Deine Tochter verdirbt alles.
Tinas triumphierenden Blick werde ich nie vergessen. Wir saßen in der »Wachtel«. Max hatte es sich etwas kosten lassen, uns dorthin auszuführen. Es war unser letztes gemeinsames Essen. Tina hatte sich um Jahre älter geschminkt; sie trug ihren

schwarzen Minirock zu schwarzen Strümpfen und einem glitzernden T-Shirt, das sie von einer Freundin geborgt hatte. Wie zufällig ließ sie immer wieder den rechten Träger ihres Flitterhemdchens über die Schulter gleiten. Max machte sich über ihre violett umrahmten Augen lustig. Und Tina giftete zurück. Sie fühlte sich nicht ernst genommen.
Lolita, das verruchte kleine Luder, spottete Max.
Das war natürlich das Falscheste, was er hätte sagen können. Tina stand abrupt auf und verschwand. Wir ließen die Suppe nicht kalt werden. Aber danach suchte ich sie. Tina wischte vor dem Spiegel in der Toilette an ihren tränenverschmierten Augen herum. Ich wollte sie in den Arm nehmen, aber sie stieß mich zurück.
Ich versteh dich doch, stammelte ich. Aber Tina schniefte nur verächtlich. Immerhin ließ sie sich von mir den zerlaufenen Eyeliner abtupfen und lieh sich meinen Lippenstift, der viel heller war als ihrer. Zusammen gingen wir ins Restaurant zurück. Mutter und Tochter – wir provozierten geradezu Vergleiche. Tina mit ihren langen schlaksigen Beinen und ihrem kindlich mageren Körper, zu dem das grelle Make-up überhaupt nicht paßte, und ich, deutlich mit einigen Pfunden zuviel auf den Hüften, im hochgeschlossenen Kostüm. Max unterdrückte zum Glück sein Grinsen.
Irgendwann trafen wir ein Abkommen. Einmal in der Woche hatte ich frei. Tina bekam für diesen Abend zwei Kinokarten, und ich fragte genausowenig, mit wem sie sich den Film ansah, wie sie mich fragte, ob ich mit Max oder Rudolf oder wem auch immer verabredet war. Manchmal fand ich sie, wenn ich zurückkam, tief schlafend in meinem Bett vor. Oft wachte sie auf, weil unsere Haustür sich nicht leise genug schließen ließ. Sie stand in einem der gestreiften Schlafanzüge, die ihr Vater bei uns zurückgelassen hatte, im Badezimmer und sah zu, wie ich mein müdes Gesicht abschminkte.

War's schön? fragte sie und lachte böse oder verzweifelt. Eine Antwort erwartete sie nicht.

Sie zog sich in ihrem viel zu weiten Schlafanzug in ihr Zimmer zurück. Am nächsten Morgen war der Frühstückstisch manchmal sorgfältig gedeckt, der Kaffee bereits in die Thermoskanne gefüllt. Ich tat ihr leid, das wollte sie mir zeigen. Oft aber stürmte sie auch wortlos aus dem Haus, ein trockenes Brot in der Hand. Morgens hatten wir nie Zeit für Gespräche.

Bevor sie auszog, bald nach dem Abitur, hatte ich diesen Ali noch nie gesehen. Es war für mich ein Schock, daß sie nicht mehr mit mir zusammen wohnen wollte.

Aber warum? fragte ich fassungslos, warum denn so plötzlich?

Sie wußte, ich hatte für ihr Studium gespart. Das Geld verlangte sie nun, studieren käme für sie nicht in Frage.

Ich habe ihr nichts gegeben. Noch nie hatte ich sie so erlebt: hart, unerbittlich, absichtlich verletzend. Sie hatte sich für ihre Abrechnung präpariert. Alles, was sie mir an den Kopf werfen wollte, lag offenbar griffbereit. Längst vergessene Konflikte häuften sich da und türmten sich zu Barrikaden, hinter denen sie sich verschanzte. Sie hatte angenommen, ich würde mich unter ihrem Ansturm geschlagen geben, vielleicht den Versuch machen, mich freizukaufen.

Laß uns darüber schlafen, bat ich, überstürze nichts. Aber sie hatte schon alles vorbereitet. Ali, sagte sie, warte in der Hallerstraße. Nächste Woche, wenn sie sich eingerichtet hätten, dürfe ich sie besuchen. Den monatlichen Scheck wollte sie gleich haben.

Wo hatte ich eigentlich gelebt, überlegte ich, daß ich nicht gemerkt hatte, wie Tina sich weiter und weiter von mir entfernte? Wie konnte ich nur annehmen, daß wir im tiefsten Grund weiterhin ein ungestört gutes Verhältnis hatten? Unsere Teezeremonie am späten Nachmittag war zwar häufiger ausgefallen,

weil jeder von uns etwas anderes zu tun hatte, aber ich war mir immer sicher, daß unser Gespräch nie abgerissen war.
Tina machte mir keine stummen oder beredten Vorwürfe mehr, wenn ich nachts spät nach Hause kam. Das hätte mir auffallen müssen. Sie wartete auch nicht mehr in meinem Bett auf mich. Sie wird erwachsen, dachte ich. Sie braucht mich weniger.
Sie hatte sich verändert. Sie war nicht mehr streitsüchtig. Oft zuckte sie nur die Achseln. Hat ja doch keinen Zweck, sollte das wohl heißen. Sie war sehr beschäftigt; nach der Schule arbeitete sie als Aushilfe in einem Supermarkt.
Ich brauche Geld, sagte sie. Ich möchte nicht immer auf dich angewiesen sein.
Sie sah mich herausfordernd an. Aber was sollte ich dagegen haben, daß sie sich in ihrer freien Zeit etwas verdiente? Das Abitur war nicht gefährdet, ihre Zensuren lagen über dem Durchschnitt. Sie kaufte sich jetzt öfter mal etwas Neues zum Anziehen. Meinen Kleiderschrank, aus dem sie sich bis dahin sorglos bedient hatte, ließ sie geschlossen.
Deine Klamotten, sagte sie.
Es klang so verächtlich, daß ich versucht war, meine Garderobe zu verteidigen. Dabei hatte ich meinen Ärger stets unterdrückt, wenn sie mir die geliehenen Blusen oder Pullover nicht zurückgab oder fleckig und verschwitzt in eine Ecke warf. Manches hatte ich mir gekauft, wohl wissend, daß sie es mir aus den Händen reißen würde. Es machte mir Spaß, wenn es auch ihr gefiel.
Ali hat sie nie nach Haus mitgebracht. Ich war gekränkt, bisher hatte sie mir alle ihre Freunde vorgestellt, so hatte ich jedenfalls angenommen.
Ich kann doch nicht den ganzen Club durch unsere Küche schleusen, hatte sie einmal gescherzt, als ich aus ihrer Erzählung einen mir unbekannten Namen heraushörte.

Im Club verbrachte sie zunehmend mehr Zeit. Tischtennisspielen, Cola trinken, in der Disco tanzen – und reden, ganze Nächte lang. Ihr Vater hatte ihr ein Mofa geschenkt. Manchmal wachte ich im Morgengrauen auf, wenn es mit gedrosseltem Motor den Gartenweg zum Haus hinauftuckerte.
Mit ihrem Vater traf sie sich jetzt häufiger. Er war aus Südamerika zurück und hatte eine Stelle in einem Baubüro gefunden. Er führte sie aus in Lokale, in die ich nie gegangen wäre, exotische Höhlen, in denen Koreaner oder Marokkaner kochten. Manchmal ging sie mit ihm ins Museum oder zu einer Ausstellung in einer Galerie, deren Besitzer er kannte. Ich habe sie nie zu ähnlichen Besuchen überreden können. Bildungsmumpitz, nannte sie meine Lust auf Bilder. Laß mich zufrieden damit.
Ihr Vater hatte offensichtlich keine Schwierigkeiten, sie für die Kunst, die er mochte, zu interessieren. Vielleicht hat er ihr erzählt, daß wir uns bei einer Vernissage kennengelernt haben.
Was interessiert Sie daran, hatte er mich gefragt.
Ich war vor einem Bild stehengeblieben, auf dem der Maler die Farbe plastisch mit dem Spachtel aufgetragen hatte. Eine Landschaft wollte ich entdeckt haben, Grotten, Schluchten.
Immer nur Konkretes, sagte er enttäuscht, haben Sie keine Phantasie?
Ich sah ihn verwirrt an, wollte er sich über mich lustig machen?
Er hatte wohl recht: Phantasie war nie meine Stärke. Ich war damals ein hochaufgeschossenes dünnes Mädchen mit einem kupferbraunen Pferdeschwanz, jünger als Tina heute.
Im Café gegenüber hat er mir dann erklärt, was er aus dem Bild herausliest. Es waren philosophische Metaphern, die ich nicht verstand. Aber ich schaute ihn unverwandt an, das weiß ich noch.
Ich habe Tina nie von unserer ersten Begegnung erzählt, sie hat auch nie danach gefragt. Kitschig, hätte sie vielleicht gesagt, und ich hätte nur gequält lachen können. Erste Liebe vollzieht

sich nicht selten in verbrauchten Mustern. Er gockelte, und ich schaute zu ihm auf. Ich habe ihn bewundert.
Habt ihr euch überhaupt richtig geliebt? hat Tina einmal gefragt, als sie einen Brief ihres Vaters aus Honduras erhalten hatte.
Sie hat mir übrigens nie einen seiner Briefe gezeigt. Sie versteckte sie wie einen kostbaren Schatz. Die seltene Verbindung zu ihm wollte sie ganz für sich allein haben.
Natürlich, habe ich hastig geantwortet, es war meine erste Liebe.
Sie schien beruhigt.
Also kein Zufallskind, stellte sie erleichtert fest; aber geheiratet hättet ihr ohne mich wohl nicht.
Da mußt du deinen Vater fragen, sagte ich, ich konnte mir damals nichts Schöneres als heiraten vorstellen, und Kinder wollte ich auch, mindestens sechs.
Wir haben uns die Räder geholt und sind durch den Park zur Eisdiele gefahren. Es war Spätsommer, die Mücken tanzten in den schrägen Sonnenstrahlen. Wir fühlten uns ganz leicht. Ich jedenfalls. Wir lachten und alberten mit Pedro herum, der unseren Heißhunger auf Eis schon kannte. Auf dem Rückweg fuhren wir um die Wette, und ich ließ Tina zum Schluß an mir vorbeisausen.
Ob sie auch solche Szenen vor Augen hat, wenn sie an mich denkt? Oder haben sich ihr ganz andere unauslöschlich eingeprägt?
Vielleicht habe ich ihr – ohne es zu wollen – Niederlagen beigebracht, die sie nicht verwunden hat. Unsere Auseinandersetzungen fanden oft ihren abrupten Abschluß, wenn Tina die Tür zuknallte und in ihr Zimmer stürzte. Wir sind uns zu ähnlich in unseren Reaktionen. Aber ich bin die Ältere, ich kann mich besser beherrschen. Daß ich ruhig blieb, wenn sie tobte, hat Tina erst recht wütend gemacht.

Du verstehst überhaupt nichts, hat sie manchmal gebrüllt.
Es stimmt, ich habe sie oft nicht verstanden, und sie dachte nicht daran, sich mir verständlich zu machen. Kindereien, tröstete ich mich, die gehen vorüber. Der erste Schritt zur Versöhnung ist mir nie schwergefallen.
Aber der Besuch in der Hallerstraße war für mich nach einem Jahr ohne Verbindung mit Tina kein leichter Entschluß. Ich kam mir wie eine Bettlerin vor, die fürchten muß, von der Tür fortgejagt zu werden.
Mit Ali konnte ich mich nicht abfinden. Für ihn existierte ich nicht. Er hat mir Tina mit der größten Selbstverständlichkeit weggenommen. Ich fühlte mich beraubt. Ich brachte es einfach nicht fertig, ihn zu akzeptieren, nur um meine Tochter nicht ganz zu verlieren.
Ich konnte den Verdacht nicht unterdrücken, daß sie den Kontakt zu mir nur wiederaufgenommen hatten, weil sie Geld brauchten. Sie gingen mit mir um wie mit einem Hausbesitzer, dem sie die Miete schuldeten. Die Miete für die Zweizimmerwohnung hatte ich übrigens von Anfang an zähneknirschend übernommen.
Anfangs war ich mit Tina in der Knoblauchwohnung allein. Statt einem Platz auf dem blauen Sofa bot sie mir ein breites Bett mit einer lässig darübergeworfenen indischen Decke an.
Das Sofa haben wir zurückgegeben, erklärte sie, es paßte nicht zu uns.
Die Kerze, die sie anzündete, duftete süßlich, und der Tee war parfümiert.
Magst du überhaupt noch Sachertorte? fragte ich hilflos.
Immer, lachte sie.
Sie fragte nach Rudolf, mit ihm war ich damals am häufigsten zusammen.
Hat er nun endlich seinen Bauch abgehungert?
Sie gab sich respektlos und selbstsicher, fand meinen neuen

Mantel unmöglich und erkundigte sich nach meinen Urlaubsplänen. Dazwischen verschlang sie ein Tortenstück nach dem anderen.
Meinen Fragen wich sie aus. Sie wurde einsilbig, wenn ich wissen wollte, wieviel Stunden sie in dem Computerzentrum verbringen müsse, was Ali eigentlich tue oder wie weit sie es zur Arbeit habe.
Wir unterhielten uns wie zwei Fremde.
Vater war vorige Woche bei uns, sagte sie plötzlich. Er kann sich wie du nicht damit abfinden, daß ich erwachsen bin, daß ich machen kann, was ich will.
Wieso, fragte ich, wie meinst du das?
Er hat sich wie du Pläne für mich ausgedacht und ist nun sauer, daß ich nicht daran denke, ihnen zu folgen.
Hast du denn eigene Pläne? fragte ich vorsichtig. Kannst du in diesem Geschäft eine Ausbildung machen?
Sie schüttelte den Kopf. Mal sehen, sagte sie vage.
An der Haustür klingelte es dreimal. Tina sprang sofort hoch.
Er hat wieder einmal seinen Schlüssel vergessen, erklärte sie.
Ich hörte im Flur Flüstern, dann traten sie beide mit einem aufgesetzten Lächeln ins Zimmer. Ali schüttelte mir die Hand, daß mein Arm hin und her pendelte, dann hockte er sich vor den niedrigen Tisch und hielt Tina schweigend die Teetasse entgegen.
Sie passen wirklich nicht zusammen, dachte ich und erschrak, weil sich meine Vorurteile, die ich ja überwinden wollte, sogleich wieder einstellten.
Wir brachten eine mühsame Unterhaltung zustande. Meine Fragen an Ali empfand Tina offenbar als zudringlich. Jedenfalls fiel sie mir sofort ins Wort und enthob ihn auf diese Weise einer Antwort. Ich weiß bis heute nicht, wo seine Eltern wohnen und was er eigentlich gelernt hat oder lernen wollte.
Ali lächelte unverbindlich vor sich hin. Er streckte seine Beine

in den schmuddligen Jeans ungeniert aus. Er hatte sich nicht für meinen Besuch vorbereitet. Der Dreitagebart machte sein dunkles Gesicht noch dunkler. Ich verstand nicht, warum Tina ihn vor meinen Fragen schützen wollte.

Möchten Sie Musik hören? fragte er plötzlich mit starkem Akzent und stand auf.

Die Stereoanlage neben dem einzigen Sessel hatte ich noch nicht wahrgenommen. Jetzt füllten stampfende Rhythmen und eine heisere gepreßte Männerstimme das Zimmer aus. Ich hatte nicht gewußt, daß Tina diesen rüden Rock mochte.

Ali stand stolz neben den silberschimmernden Geräten. Er wippte mit dem rechten Fuß im Takt.

Wovon haben sie diese teure Neuerwerbung bezahlt? ging es mir durch den Kopf.

Spielen Sie selber? fragte ich.

Ali schüttelte den Kopf.

Er vertritt manchmal den Discjockey im Club, erklärte Tina.

Ob sie ihn dort kennengelernt hat? überlegte ich. Und gleichzeitig auch: Was findet sie nur an ihm?

Bleibst du zum Essen? fragte Tina nüchtern, als müsse sie das Menü ändern, je nachdem, ob ich zu- oder absage.

Es war eine versteckte Aufforderung zum Aufbruch. Ich verstand.

Vielleicht besucht ihr mich einmal, sagte ich müde, als wir uns im Flur verabschiedeten.

Als ich nach Haus kam, habe ich Tinas Vater angerufen. Wir hatten seit Jahren nur noch selten Kontakt. Aber die Verletzlichkeit nach der Scheidung war längst überwunden. Jetzt hatten wir die gleiche Sorge.

Über Ali hatte er nicht viel mehr erfahren als ich.

Ein Herumtreiber und Taugenichts, sagte er. Es nützt nichts, wir können nur abwarten und hoffen, daß Tina ihn eines Tages hinauswirft.

Hinauswerfen? fragte ich. Glaubst du wirklich, daß sie dazu fähig wäre?
Ist sie nicht deine Tochter? fragte er zurück.
Es vergingen auf den Tag genau vier Monate, bis ihr Anruf kam.
Ich komme zu dir.
Meine törichte Frage, ob etwas passiert sei, überhörte sie. Es war sieben Uhr morgens. Im Büro sagte ich Bescheid, daß ich nicht kommen würde. Seitdem warte ich. Die Teekanne ist angewärmt, das Wasser steht bereit, ich brauche nur noch aufzugießen.

DÜNNES SEIL

Georg ist sofort ins Bett gegangen. Die letzten Gäste waren kaum aus dem Haus. Wie immer überläßt er alles mir. Aber ich habe heute keine Kraft mehr, die Aschenbecher in den Mülleimer auszukippen, die Gläser einzusammeln und in die Spülmaschine zu setzen, die klebrigen Teller zu stapeln und den Teppich von Brotkrümeln und Mayonnaiseklecksen zu säubern.
Ich habe die Fenster geöffnet und die Lampen gelöscht bis auf die eine mit dem Honiglicht. Ich hocke in meinem Lieblingssessel, einem Monstrum, das noch von meinen Großeltern stammt. Feli hat ihn selbst mit geblümtem englischen Chintz überzogen, als sie zu Weihnachten hier war, seitdem wirkt er weniger gewaltig. Ich friere, obwohl ich mir die Mohairdecke geholt und die Knie bis zum Kinn hochgezogen habe, als fürchtete ich mich. Vielleicht ist es ja auch Angst, die mich zittern läßt. Ich kann noch nicht schlafen, aber ich kann auch nichts tun. So ratlos und verlassen habe ich mich noch nie gefühlt.
Wir haben gefeiert, aber das ist es ja gerade: Es war alles von Anfang an falsch, eine Kette von Mißverständnissen. Feli hat zuerst lauthals gelacht, als wir vorschlugen, die Familie einzuladen. Dann hat sie halbherzig zugestimmt, um des Friedens willen und weil ihr Georgs traurige Augen leid taten. Sams Freunde müssen dann aber auch dabei sein, hat sie verlangt. Es war uns recht. Wir kannten Sam kaum und seine Freunde schon gar nicht. Von seiner Familie war ohnehin nie die Rede.

Aber schließlich war Sam der Mann, mit dem unsere Tochter zusammenlebte, was sollten wir gegen seine Freunde haben. Sprechen sie deutsch? hat Georg noch gefragt. Es war nicht so abwegig; Feli und Sam sprechen, wenn sie allein sind, immer nur französisch. Die Freunde würden schon verstehen, hat Feli gemeint, es komme nicht so darauf an.
Georg hat die Einladungen geschrieben in seiner exakten Handschrift, ganz korrekt: ...anläßlich der Verlobung unserer Tochter... Niemand hat abgesagt, so waren wir insgesamt zweiunddreißig. Viel zuviel für die beiden eher kleinen Räume, in denen wir es zu zweit oder dritt ganz gemütlich haben. Jetzt drängten sie sich, nur die beiden ältesten Tanten fanden auf dem Sofa genug Platz. Draußen regnete es, wir konnten nicht einmal den Sekt auf der Terrasse trinken.
Ich habe mich in Geschäftigkeit gestürzt. Schließlich mußte sich jemand darum kümmern, daß alle etwas zu trinken und zu essen bekamen. Georg stand wie immer ungeschickt herum und vergaß nachzuschenken. Lilly, meine Cousine, hat mir geholfen. Von Zeit zu Zeit spürte ich ihre Blicke. Einmal, als wir allein in der Küche waren und die Pasteten aus dem Backofen holten, hat sie mich direkt gefragt: Seid ihr tatsächlich einverstanden, oder tut ihr nur so? Ich habe nur die Achseln gezuckt.
Roland kam gerade, um Wasser zu holen. Er war übrigens der einzige, der sich mit Sams Freunden verständigen konnte. Er hat ein Jahr lang in Bordeaux gearbeitet. Ich gehe wieder in die dunkle Ecke, scherzte er, dort wird kein Wein getrunken. Ich war ihm dankbar, wenigstens einer, der sich bemühte.
Feli hatte Sam bei der Hand genommen und war von einer Tante zur anderen gegangen. Die Onkel hörten zu, wie sie sich ausfragen ließ: Ja, in Tunis, wir werden in Tunis wohnen. Ja, sicher, ich habe den Vertrag unterschrieben; in einer Woche fange ich dort in der Schule an. Niemand fragte Sam, was er in

Tunesien machen würde. Sie redeten alle nur mit Feli, sie übersahen ihn einfach.

Sie sah schön aus, wie sie da mit leuchtenden Augen über ihre Zukunft in Nordafrika wie über das Selbstverständlichste von der Welt sprach. Das wasserblaue Leinenkleid paßte gut zu ihrer blassen Haut und den goldbraunen Haaren. Aber würde sie es überhaupt in Tunis tragen können, ohne aufzufallen oder Mißbilligung zu erregen?

Sam stand dabei, lächelte, ließ sich nicht anmerken, wie lästig es ihm war, der Verwandtschaft vorgeführt zu werden. Erst als auch die jüngeren Vettern und Cousinen begrüßt worden waren, ging er hinüber in die Ecke vor der Terrassentür, wo seine Freunde standen und leise miteinander in ihrer kehligen Muttersprache redeten.

Sie hatten sich alle feingemacht, dunkler Anzug, weißes Hemd. Ich konnte sie nicht auseinanderhalten. Wenn ich etwas freundlich Gemeintes sagte, verbeugten sie sich alle. Roland reichte ein Tablett mit Mineralwasser und Salzstangen herum.

Dort ist das kalte Büfett, sagte ich und zeigte auf den ausgezogenen Eßzimmertisch, auf dem ich Salate, Brot und Braten angerichtet hatte. Sie verneigten sich wieder knapp, blieben aber in ihrer Ecke. Erst als Feli Teller und Besteck verteilte, wagten sie es, näher an den Tisch heranzutreten.

Die Verwandten hatten sich inzwischen selbst bedient. Georg holte die zehnte Flasche aus dem Keller. Das Lachen, wenn Onkel Wilhelm einen seiner derben Witze erzählte, wurde lauter. Georg zuckte jedesmal zusammen. Er sah alt und müde aus, wie er da gebeugt aus dem Keller kam. Feli muß es auch bemerkt haben. Sie nahm ihm die Flaschen ab und küßte ihn auf die Stirn. Tante Karla brach mitten im Satz ab, sie schien sich zu wundern. Nach allem, was sie euch antut! zischte sie in meine Richtung.

Roland wollte unbedingt fotografieren. Es dauerte eine Weile, bis er endlich fast alle zusammengetrieben hatte. Das Brautpaar in der Mitte, rechts und links Georg und ich. So nah hatte ich noch nie neben Sam gestanden. Aber wir berührten uns nicht, jeder Millimeter zwischen uns war eine Schranke. Die Verwandtschaft wurde der Größe nach aufgereiht. Daß Sams Freunde überhaupt noch auf das Bild gekommen sind, bezweifle ich. Sie hatten sich rechts außen mit deutlichem Abstand zu den anderen postiert.
Augen auf, es blitzt, schrie Roland, Cheese, Cheese, seid doch nicht so bierernst!
Die Verwandtschaft klumpte um den Tisch und leerte eine Schüssel nach der anderen. Nicht nur Onkel Wilhelm schwankte bedenklich. Die Sensation, daß Feli, unser gehätscheltes Wunderkind mit dem besten Examen ihres Jahrgangs, ausgerechnet einen Nordafrikaner heiraten und mit ihm in seine Heimat gehen würde, war kein Gesprächsthema mehr. Neues und Einzelheiten waren nicht zu erfahren. Onkel Wilhelm sprach mit vollem Mund von unserer Großmutter. Sie hätte es nicht zugelassen, sagte er, nicht ahnend, daß ich hinter ihm stand. Prost, gluckste er, und trank mir zu. Wir sind ja so toll, so toll, so toll tolerant!
Feli kam zu mir in die Küche. Sams Freunde wollten sich verabschieden.
Sie standen schon im Flur, ernste, dunkle Männer. Merci, Madame, merci. Ich kann kein Französisch. Georg brachte sie zum Parkplatz. Vielen Dank für Ihren Besuch, nuschelte er verlegen und sah den beiden alten Schlitten nach, in die sie sich gezwängt hatten.
Armer Papi, sagte Feli, als er zurückkam, und legte ihren Arm um seine Schulter. Du wirst dich daran gewöhnen müssen.
Aber er wird sich nicht daran gewöhnen, daß Feli uns verläßt, daß sie uns fremd geworden ist, daß sie schon lange nicht mehr

unser Leben teilt. Und ich kann es auch nicht. Selbst wenn ich es wollte, es würde mir nicht gelingen.
Ich weiß, Georg liegt oben genauso schlaflos wie ich. Wir können unseren Kummer nur getrennt ertragen, wortlos, durch unser Schweigen geschützt vor dem Ausbruch von Tränen.
Es wird kalt, auch unter der Decke friere ich. Immer noch hängt der Geruch von Zigarren, Wein und saurer Salatsoße im Raum. Ich hätte an den Heringssalat weniger Zwiebeln tun sollen, fällt mir ein. Wenn ich die Terrassentür öffne, wird die verbrauchte Luft schneller abziehen. Durchzug, auch der Ohrensessel schützt mich nicht vor der schneidend kalten Luft.
Jetzt werde ich mich doch noch aufraffen und Ordnung schaffen. So kann ich uns wenigstens den trostlosen Anblick am nächsten Morgen ersparen.
Als Feli noch bei uns wohnte, haben wir immer zusammen aufgeräumt, nachdem der Besuch gegangen war. Oft haben wir uns noch nach Mitternacht einen Kaffee gekocht und ihn in der Küche getrunken, während die Spülmaschine rotierte.
Sie brachte ihre Freunde gern zu uns nach Haus. Sie wollte wissen, was wir von ihnen hielten. Wie findest du ihn? fragte sie ganz unverblümt. Manchmal wies sie meine vorsichtige Kritik zurück. Wie kommst du darauf? fuhr sie mich an. Sie ließ meine Einwände selten gelten.
Sam haben wir erst kennengelernt, nachdem sie schon ein halbes Jahr mit ihm in Paris zusammengelebt hatte. Sie hat uns nicht wie sonst immer gefragt. Es war anders, ganz anders. Sie hatte sich längst entschlossen, ohne uns auszukommen. Wenn sie Georg auf die Stirn küßt oder mich umarmt, erinnert sie sich vielleicht, wie es war. Mehr sind wir wohl nicht für sie: eine Erinnerung. Vertraute Menschen, die stehengeblieben sind, während sie anderswo Fuß zu fassen versuchte. Daß wir ihr nicht würden folgen können, wußte sie. Sie hat sich nicht einmal die Mühe gemacht, uns ihren neuen Weg zu erklären.

Heute abend ist sie bald, nachdem die Freunde gegangen waren, mit Sam in unserem alten Kadett weggefahren. Georg hat ihr sein Auto geborgt. Du kannst es haben, wenn du hier bist, hat er gesagt. Er war glücklich, daß er etwas für seine Tochter tun konnte.
Wie weit sie sich von uns entfernt hat, will er nicht sehen. Da war doch nichts, seufzte er manchmal verwirrt, wir haben uns doch immer verstanden. Für ihn ist sie immer noch das kleine verspielte Mädchen, das mit einem Buch auf seine Knie kletterte und bettelte: Vorlesen, bitte.
Es gab tatsächlich nie Streit, keine Auseinandersetzungen, kein Zerwürfnis, das eine unüberbrückbare Kluft zwischen uns aufgerissen hätte, nichts. Feli war ein Musterkind, aber sie übernahm schon früh die Verantwortung für sich allein. Sie ließ sich nicht hineinreden. Ach, Mami, wehrte sie ab, du hast doch auch deine eigenen Vorstellungen! Es schien so vernünftig, wie sie ihr Leben plante, das Studium, Paris – wir waren so stolz auf sie.
Der Abend heute war eine Pflichtübung. Euch zuliebe, weil ihr so viel Wert auf Formen legt, wird sie gedacht haben. Sie gab uns die Gelegenheit, der Verwandtschaft etwas vorzumachen. Aber sie wußte genausogut wie wir, daß das nicht möglich war.
Ich hätte mir die Salate und den Braten sparen können. Keiner hat angenommen, daß dies ein Fest für uns war. Lilly hat es auf einen Nenner gebracht: Ihr wolltet, daß wir Bescheid wissen, das ist euch gelungen.
Kommst du morgen noch einmal? habe ich Feli beim Abschied gefragt. Sie hat mich erstaunt angeschaut. Aber natürlich, wir bringen das Auto zurück.
Auch morgen, das heißt heute, wird es keine Gelegenheit zu einem Gespräch geben. Wie sollte ich anfangen, wenn Sam dabei ist? Soll ich wie die Tanten nach der Wohnung fragen oder

ob Sam sich bei der Bank in Tunis beworben hat? Nichts wird die Nähe wiederherstellen, die uns lautlos abhanden gekommen ist.

Noch nie hat Feli uns eingeladen. Wir würden dort stören, sie läßt es uns merken. Die Bildbände, die ich gekauft habe, hat sie verächtlich fortgeschoben. Wegweiser für Touristen, sagte sie. Sie nützen euch nichts. Wenn ihr auf Djerba Urlaub machen wollt, werden wir euch besuchen.

Ich habe es wie eine Zurückweisung empfunden. Abgeschoben ins Touristenghetto, möglichst weit weg von der Stadt, in der unsere Tochter ihr neues Leben beginnt. Doch ich verstehe Feli, sie will sich nicht von uns beobachtet fühlen. Wir könnten merken, wie schwierig ihr Leben ist. Wir könnten die müden Linien um Augen und Mund, die sich jetzt schon andeuten, entziffern.

Wir werden uns schreiben, hat Feli gesagt, schöne, lange Briefe, in denen ihr mich auf dem laufenden haltet. Und mindestens einmal im Jahr besuche ich euch.

Einmal im Jahr, das ist nicht einmal eine Brücke. Das ist ein dünnes Seil, das jederzeit zerreißen kann. Es bleibt uns nichts anderes übrig, als wenigstens das festzuhalten, mit beiden Händen.

SPIELREGELN

Ich dachte, es wäre Ihre Mutter, entschuldigte sich der Mann. Er war in der Abflughalle von Orly auf mich zugestürzt, fast hätte er mich umgerannt. Sie sehen ihr zum Verwechseln ähnlich, stotterte er.
Mami hätte jetzt laut gelacht und die Verwechslung als Kompliment für sich genommen. Ich brachte nur ein verlegenes Lächeln zustande. Wir sehen uns ähnlich, murmelte ich.
Der Mann wollte es offenbar nicht bei dem Zusammenstoß belassen. Wie geht es Ihrer Mutter? fragte er. Darf ich Ihnen Ihr Gepäck abnehmen?
Er schleppte meine Reisetasche bis zum Schalter. Er wollte wie ich zurück nach Frankfurt. Nichtraucher, sagte ich. Für mich auch: Nichtraucher, sagte er. Wie selbstverständlich reservierte ihm die Stewardeß den Platz neben mir.
Ich hatte mir für diese Reise Mamis rotes Kostüm ausgeliehen. Vielleicht hat sie das bei einem ihrer Geschäftsessen getragen, und anschließend... Es ist ihre Sache, wollte ich mich beschwichtigen und konnte doch nicht verhindern, daß ich den Mann im blauen Anzug in die lange Reihe der Liebhaber meiner Mutter einordnete.
Papa und ich ahnen immer, wenn Mami Geschäftliches mit ihren »persönlichen Bedürfnissen«, wie sie es nennt, verbindet. Papa läuft dann ruhelos im Wohnzimmer hin und her, oder er versteckt sich hinter der Zeitung.
Ich will sie nicht verlieren, verstehst du? hat er einmal wütend

gebrüllt, als ich ihm mit meinen Fragen zusetzte. Seitdem haben wir nie wieder darüber gesprochen.
Manchmal leidet er so, daß ich es nicht mit ansehen kann. Auch wenn ich mich in meinem Zimmer einschließe und mit Musik volldröhne, sehe ich sein verzweifeltes Gesicht vor mir. Laß uns ins Kino gehen, schlage ich ihm dann vor. Oder wie wär's mit einem Waldlauf? Er soll wenigstens merken, daß es mir nicht gleichgültig ist, was Mami ihm antut.
Wenn sie zurückkommt, strahlt sie ihn an: Zu Haus ist es am schönsten. Sie erzählt von ihren Erfolgen – sie scheint nur Erfolge zu haben – und wie sie wieder einmal die Gesellschafterversammlung von ihren Plänen überzeugt habe. Papi schaut sie bewundernd an, kein Vorwurf, kein Streit. Er liebt sie. Es ist alles in Ordnung. Sie hat ja angerufen, die Verhandlungen würden etwas länger dauern, sie werde einen Tag später kommen. Er wußte Bescheid. Jetzt ist sie da, und alles scheint vergessen.
Ich spiele ihr Spiel mit. Auch ich möchte von Mami geliebt werden, auch ich will sie nicht verlieren.
Sie rennt ins Bad und kommt in ihrem weißen Bademantel und mit einem Frotteeturban über den gewaschenen Haaren heraus. Wie neugeboren fühlt sie sich, wir sehen es ihr an.
Jetzt koch ich euch erst mal was Gutes. Pfeifend und unbekümmert mit den Töpfen klappernd, beginnt sie in der Küche zu hantieren. Papa läßt sich entspannt oder erschöpft in seinen Sessel fallen. Ich decke den Tisch, bevor ich Mami in der Küche helfe.
So oder so ähnlich läuft es bei uns immer ab, wenn Mami zurückkommt.
Ob sie dem Mann im blauen Anzug erzählt hat, wie harmonisch ihre Familie daheim ist? Der tolerante Gatte, das liebe Kind? Er saß jetzt neben mir und verstellte den Sicherheitsgurt.
Ihre Mutter kenne ich schon seit Jahren, sagte er vertraulich. Wir haben beruflich öfter miteinander zu tun.

Ja, nickte ich, sie ist oft geschäftlich unterwegs. Ich kramte in meiner Handtasche und zog das Taschenbuch heraus, das ich schon auf dem Hinweg durchgelesen hatte. Doch er ignorierte meine Ablehnung.
Sie studieren? fragte er.
Er muß sie also im letzten halben Jahr getroffen haben. Bis vor kurzem ging ich noch zur Schule. Ich hatte mich jetzt in Paris vorgestellt. In den Semesterferien will ich dort arbeiten. Mamis rotes Kostüm, habe ich mir gedacht, würde auch mir Erfolg bringen. Sie borgt mir ihre Sachen gern.
Ich habe doch genug für uns beide, sagte sie, und steckte mir das Flugticket zu, das ich mir nie geleistet hätte.
Wenn wir nebeneinander stehen, komme ich mir wie eine graue Maus vor. Ich weiß, daß ich eine blasse Kopie von Mami bin. Ich kann anziehen, was ich will, sie sticht mich immer aus. Ich habe mich daran gewöhnt. Ich bin nicht eifersüchtig. Jedenfalls gebe ich es nicht zu, weil ich Eifersucht ablehne. Sie quält doch nur den, der ohnehin schon leidet. In Mamis Nähe fühle ich mich wohl, fühle ich mich sicher. Wenn sie laut lacht und einfach ansteckend heiter ist, bin ich auch fröhlich.
Der Mann im blauen Anzug hatte sich vorgestellt, aber seinen Namen hatte ich sofort wieder vergessen. Es war mir unangenehm, wie er mich von der Seite betrachtete.
Das gleiche Profil, stellte er fest.
Aber sonst sind wir sehr verschieden, sagte ich so patzig, daß er zusammenzuckte.
Die Stewardeß brachte die Tabletts mit dem Lunch. Ich hatte den ganzen Tag noch nichts gegessen und legte das Buch weg. Er bahnte sofort ein Gespräch an.
Ihre Mutter ist eine gute Taktikerin, begann er wieder, sie erreicht meistens, was sie will. Er lächelte, aber ich konnte das Lächeln nicht erwidern.
Das kann ich mir denken, sagte ich ziemlich verbissen. Aber

Mamis Geschäftspraktiken interessieren mich nicht, fügte ich hinzu, sie sind ihre Sache. Zu Haus spricht sie nie über Geschäftliches.
Sie spielt uns alle an die Wand. Er blieb bei seinem Thema. Keiner weiß so recht, wie sie es macht, aber zum Schluß hat sie stets die Trümpfe in der Hand.
Offenbar hatte Mami ihm eine Niederlage beigebracht. Ich konnte ein schadenfrohes Grinsen nicht unterdrücken.
Sie sieht so sanft aus, sagte er, genauso wie Sie. Man traut ihr nicht zu, daß sie hart kämpft.
Ich kann das nicht, sagte ich, ich möchte es auch nicht lernen.
Sie werden auf andere Weise kämpfen, da bin ich sicher, lächelte er. Er wollte unser Geplänkel unbedingt fortsetzen.
Ich hatte den Fensterplatz, sonst wäre ich wahrscheinlich aufgestanden. Ich wollte einfach nichts zu tun haben mit diesem Herrn, der offenbar glaubte, sich durch jahrelange Bekanntschaft mit Mami familiäre Rechte erworben zu haben.
Würden Sie mir bitte eine Zeitung bringen? fragte ich die Stewardeß, die die Tabletts abräumte. Er mußte doch endlich merken, daß ich auf ein Gespräch mit ihm keinen Wert legte.
Bisher war ich noch nie einem »Geschäftspartner« meiner Mutter begegnet. Für Mami sind Beruf und Familie zwei Kreise, die sich nicht überschneiden, zwei Kreise allerdings, in deren Mittelpunkt sie unübersehbar steht. Sie ist fest davon überzeugt, daß sie die beiden Kreise ganz und gar voneinander trennen kann. Ich bin nicht neugierig auf ihre andere Welt. Und Papa hat sich längst abgewöhnt zu fragen.
Wenn sie abends mit glänzenden Augen heimkommt, ist er oft neidisch. Er sitzt an einer Studie, die zwar immer umfangreicher wird, ihm aber keinen Beifall einbringt. Wenn er im Stadtarchiv oder in der Universitätsbibliothek einen wichtigen

Fund gemacht hat, hört ihm Mami mit gespieltem Interesse zu.
Er weiß, daß sie sofort vergißt, was er ihr gerade erzählt hat.
Wie schön, freut sie sich und umarmt ihn. Offenbar ist er damit zumindest für einen Augenblick halbwegs zufrieden.
Daß Mami größere Rechnungen stillschweigend allein bezahlt, führt zu keiner Auseinandersetzung. Ich bin emanzipiert, hat sie einmal zu Papa gesagt, du solltest es auch sein. Es ist doch gleichgültig, wer von uns beiden mehr Geld verdient.
Wir haben Spielregeln, an die wir uns alle drei halten. Mami hat sie aufgestellt. So ist es für alle am besten, davon ist sie überzeugt.
Perfektes Management, murmelt Papa manchmal und knirscht mit den Zähnen. Er hat den Einkauf übernommen, kennt sich aus in Supermärkten wie in Delikateßläden und kocht auch meistens gar nicht schlecht. Ich bin für den Garten zuständig und bringe Klamotten zur Reinigung. Den Rest erledigen wir gemeinsam am Wochenende. Es klappt fast reibungslos.
Mami ist großzügig, sie läßt mit sich reden. Ich habe immer genügend Taschengeld, kann immer – nach Absprache – von ihrem Kleiderschrank Gebrauch machen, kann immer Freundinnen zum Übernachten mitbringen. Wie es mit Freunden wäre, habe ich noch nicht ausprobiert.
Wir haben es so gut, jubelt Mami oft, und ihre leuchtend grauen Augen machen jeden Einwand zunichte. Sie reißt uns mit und drückt uns an sich. Ohne sie wäre die Welt trüb und kalt. Ohne sie gäbe es nichts zu lachen. Wer das nicht versteht, kennt Mami nicht.
Ich habe eine Idee, beginnt sie manchmal ihre Vorschläge für gemeinsame Unternehmungen wie Picknicks, kurze Reisen oder Italienischlernen. Wir stimmen ab, aber das wäre nicht nötig: Papa und ich wetteifern geradezu, Mamis Ideen zu akzeptieren. Toll, wie sie wieder einmal herausgefunden hat, was wir ohnehin schon immer wollten.

Du kannst machen, was du möchtest, sagte sie, als ich endlich die Schule hinter mir hatte. Alles, wozu du Lust hast.
Beinahe alles, fügte Papa hinzu, der mit sanftem Spott die großen Worte gerne ein wenig kleiner macht.
Aber was will ich eigentlich? Bis heute bin ich noch nicht dahintergekommen. Das Studium jetzt – Philosophie und Kunstgeschichte – ist kaum mehr als ein Zeitvertreib. Auf keinen Fall will ich in Mamis Fußstapfen treten, ich könnte sie ja nie erreichen.
Du mußt ausziehen, hat Klaus gesagt. Höchste Zeit, daß du dich endlich abnabelst.
Jedesmal werde ich wütend, wenn er sich in dieser Weise in meine Angelegenheiten mischt. Ausziehen, das klingt ganz einfach. Aber ich kann nicht allein leben, noch nicht. Und ich möchte nicht abhängig werden von Klaus, der mir nicht so viel bedeutet wie ich ihm. Wir sitzen in den Vorlesungen nebeneinander, wir essen zusammen den Mensa-Fraß, und gelegentlich lasse ich mich überreden, mit auf seine Bude zu kommen. Eine gräßlich schmuddlige Höhle übrigens.
Ich habe keinen Grund auszuziehen. Daß Klaus mich eine Nesthockerin schimpft, ist mir gleichgültig. Mit Papa versteht er sich ganz gut. Mami lehnt er schon aus Selbstschutz ab. Sie läßt ihn spüren, daß sie ihn belanglos und auswechselbar findet. Er besucht uns nur, wenn sie fort ist. Sie hat mich durchschaut: Klaus ist nicht gerade meine große Liebe.
Ihre Mutter hat viel von Ihnen erzählt, fing mein Nachbar wieder an.
Was gibt es da zu erzählen? wehrte ich unfreundlich ab.
Was immer Mami auch erzählt haben mag, es wäre gegen unsere Spielregeln.
Ich weiß vielleicht mehr von Ihnen, als Sie ahnen, sagte er vertraulich lächelnd. Wenn man sich lange kennt, spielt auch das Familiäre eine Rolle. Außerdem...

Ich wollte nicht, daß er weitersprach, ich wollte nicht, daß er aufrührte, was wir – zumindest Papa und ich – vergessen wollen.
Außerdem, setzte er beharrlich fort, gab es einmal eine Zeit...
Ja, ich weiß, fiel ich ihm ins Wort und gab mich überlegen. Das ist längst vorbei, warum also darüber reden?
Ich hatte keine Ahnung, worauf er eigentlich anspielte. Er sieht ganz gut aus, stellte ich fest. Die grauen Haare stehen ihm, wahrscheinlich macht er auf der Piste eine elegante Figur. Papa und ich mögen keinen Schnee. Aber Mami braucht angeblich jedes Jahr im März die zehn Tage Pontresina oder Zermatt.
Bei Ihnen zu Haus wird viel diskutiert, sagte er bewundernd.
Natürlich, log ich, hat meine Mutter Ihnen das nicht gesagt? Wir besprechen alles, Persönliches, ganz Privates, nur Berufliches nicht. Nur so kann man doch harmonisch zusammenleben, finden Sie nicht auch?
Er sah mich irritiert an, als hätte er gerade einen Verrat aufgedeckt. Mami hatte ihn verraten, so mußte er jetzt denken, wenn es jemals etwas zwischen ihnen beiden gegeben haben sollte, das ernst zu nehmen war.
In wenigen Minuten würden wir landen. Fliegen Sie von Frankfurt aus weiter? fragte ich ihn mit gespielter Arglosigkeit.
Ich nehme den Zug, sagte er und schüttelte mir die Hand. Grüßen Sie Ihre wunderbare Mutter.

BACKHAND

Sie ruft jeden Sonntagabend an. Sie weiß, um halb zehn ist für mich der Feiertag vorbei. Ich richte mich dann allmählich auf die nächste Woche ein, krame herum, räume fort, was liegengeblieben ist. Sonntagabend um halb zehn bin ich immer zu Haus.
Ich bin sofort durchgekommen, sagt sie triumphierend. Wie geht es dir, was machst du gerade, und wie war es bei den Webers?
Sie stellt anfangs immer mehrere Fragen auf einmal, einen Fragenkatalog, den zu beantworten einige Zeit kostet. Jedesmal knüpft sie an unser Gespräch vom letzten Sonntag an. Aufschlag für sie. Jetzt wird sie nicht lockerlassen, bis ich mich eingespielt, bis ich mich auf sie eingestellt habe.
Einmal in der Woche zehn Minuten für deine Mutter – ist das etwa zuviel verlangt? hat sie einmal beleidigt gesagt, als ich nur einsilbig geantwortet hatte. Daß ich nach einer langen Autofahrt todmüde war, ließ sie nicht gelten.
Hör mal, sagt sie jetzt, nachdem ich ihr erzählt habe, daß ich nur kurz bei den Webers war, weil ich mein Referat noch einmal durchgehen wollte, hör mal, du hast noch gar nicht gefragt, was ich gemacht habe. Du wirst es nicht raten!
Ihre Stimme klingt so vergnügt, als hätten wir gerade zusammen Tennis gespielt. Sie schlägt mich regelmäßig. Satz und Spiel! jubelt sie dann.
Immer wenn wir telefonieren, seh ich sie vor mir auf dem Ten-

nisplatz. Ihr Faltenröckchen wippt über den braunen kräftigen Beinen. Sie stopft das herausgerutschte Polohemd unter den blaugelben Gürtel und streicht sich mit dem linken Unterarm die Haare aus der feuchten Stirn.
Bald wirst du besser sein als ich, sagt sie meistens tröstend und stupst mich mit dem Racket in den Rücken.
Im Clublokal spendiert sie mir einen Erdbeer-Shake. Sie macht sich's auf einem der Gartenstühle bequem, legt die Füße in den ziegelrot gepuderten Tennisschuhen hoch und rückt den gelbweißgestreiften Sonnenschirm so heran, daß ihr Gesicht im Schatten bleibt.
Technik, sagt sie, dir fehlt noch ein bißchen Technik, deine Rückhand ist schlapp. Aber du machst Fortschritte. Dein Aufschlag ist knallhart, du wirst mich bald besiegen.
Ich setze mein trübsinniges Gesicht auf und sage keinen Ton. Was soll ich auch antworten auf solche wenig glaubhaften Zukunftsversprechungen. Für sie ist das gewonnene Match jedesmal der Beweis, daß sie noch kämpfen kann – und daß ich ein Verlierer bin, hoffnungslos.
Was soll ich denn raten? frage ich jetzt lustlos, hast du dich vielleicht mal wieder verliebt?
Wie kannst du das ahnen? fragt meine Mutter freudigerstaunt, wie kommst du auf die Idee? Hab ich mir etwas anmerken lassen, als wir uns neulich bei Ilses Geburtstag sahen?
Ilse ist ihre Freundin, wenig jünger als sie, viel eleganter. Sie führt erfolgreich das Geschäft ihres verstorbenen Vaters weiter. Mutter ist manchmal eifersüchtig auf diese Freundin, mit der sie kaum mehr verbindet als ein paar gemeinsame Jahre im Internat.
Nein, sage ich, ich habe nur geraten. Wenn deine Stimme so froh klingt, ist es meistens soweit, versuche ich zu scherzen.
Aber diesmal ist es ganz anders, sagt meine Mutter, nicht zu vergleichen, wirklich unvergleichlich.

Ich wünsche es dir, sage ich kurz.
Ich wünschte wirklich, sie würde den Richtigen finden und mich endlich mit ihren Liebesgeschichten verschonen. Sie enden immer in einem Tränenstrom, in tagelanger Verzweiflung und Selbstanklage. Natürlich ist sie selber schuld, wenn ihre naive Begeisterung in Enttäuschung umschlägt. Stets schmückt sie die Männer, die ihr zufällig begegnen, mit den wunderbarsten Eigenschaften und erwartet von ihnen, daß sie sofort auf einen gemeinsamen Lebensweg zusteuern.
Wann siehst du ihn wieder? frage ich, weil ich weiß, daß sie darauf brennt, mir von ihrem Neuen zu erzählen.
Wir möchten dich besuchen, sagt meine Mutter. Ich habe ihm von dir erzählt.
Das ist tatsächlich anders. Bisher habe ich ihre kurzlebigen Eroberungen nur in Ausnahmefällen kennengelernt.
Ich fahre nächste Woche weg, lüge ich. Für zwei Wochen in die Toskana.
Schade, sagt sie, mir liegt an deinem Urteil viel.
Zwei Wochen würde ich Ruhe haben. Bis dahin war das Feuer vielleicht schon heruntergebrannt, die Asche wieder einmal mit Tränen fortgespült. Und ich würde nicht urteilen müssen.
Was sie sich dabei eigentlich denkt, ständig bringt sie mich in eine Position, die ich ihr gegenüber einfach nicht einnehmen will. Sie scheint nicht zu merken, wie verlegen es mich macht, wenn sie mir ihren neuen Minirock vorführt oder von der Tanzparty schwärmt, auf der sie den Jungen gezeigt hat, wie man Rock 'n' Roll tanzt. Ohne es auszusprechen, verkündet sie mir stets: Sieh an, das alles kann man auch mit sechsundvierzig noch!
Sie sieht gut aus, zugegeben, obwohl ich es manchmal etwas lächerlich finde, wenn sie sich ihre kindlichen Ponyfransen in die Stirn kämmt und mich fragt, ob mir die rötliche Haartönung gefällt, die sie sich neuerdings bei ihrem Figaro machen läßt.

Mein Bruder Olaf lächelt bewundernd, wenn unsere Mutter von ihren Kunststücken erzählt oder aufgeplustert vom Friseur zurückkommt. Meine Mundwinkel verziehen sich säuerlich. Doch nicht Olaf will sie beeindrucken, sondern ausgerechnet mich, die ich, ihrer Meinung nach, das Leben nicht zu genießen weiß und ständig nur über meinen Büchern hocke.
Du vergißt ja ganz, daß du jung bist, wirft sie mir vor, du mußt deine Chancen nutzen!
Was sie darunter versteht ist klar: einen Mann angeln, der imstande ist, eine Familie zu ernähren. Darauf hatten ihre Eltern sie dressiert. Sie nimmt es einfach nicht zur Kenntnis, daß dieses Rezept nichts taugt, jedenfalls nicht für mich.
Olaf ist tolerant. Laß sie doch, wie sie ist, sagt er manchmal zu mir. Möchtest du denn, daß sie nur über ihr Schicksal klagt?
Was sie betroffen hat, würde ich nie als Schicksal bezeichnen. Unser Vater hat sie verlassen, als wir noch klein waren. Die Heirat war ein Irrtum, den er wohl früher erkannt hat als Mutter. Das Angebot in Vancouver kam ihm gerade recht. Er machte es kurz und unabänderlich. Sein Anwalt erledigte die Scheidungsformalitäten. Der Scheck kam stets pünktlich. Wir konnten davon leben.
Mutter war damals vierundzwanzig. Was hätte sie alles anfangen können! Statt dessen kroch sie in ihr Elternhaus zurück, ließ sich trösten und verwöhnen und wurde wieder das kleine Mädchen, das einen verzeihlichen Fehler gemacht hat. Ja, ich werfe ihr vor, daß sie Tennis spielte, auf Partys ging und gelegentlich Freunde ausprobierte, statt erwachsen zu werden und ein Lebensziel für sich zu finden. Ich habe ja euch, sagte sie immer, und drückte einen von uns beiden, am liebsten beide gleichzeitig, fest an ihr Herz.
Olaf hat nie Schwierigkeiten mit ihr. Er geht seinen Weg, ohne

auf ihre Zustimmung zu warten. Sie vertraut ihm. Zwischen ihnen gibt es ein wortloses Einverständnis, nach dem ich mich vielleicht insgeheim sehne.
Wir haben oft Streit. Aber je älter ich werde, desto öfter verstumme ich. Sie merkt es, sieht es wohl auch als Rückzug an, den sie unbedingt verhindern will. Ja, ich will mich ihr entziehen.
Ihr beide könnt euch nicht so akzeptieren, wie ihr seid, sagt Olaf, ihr seid zu verschieden.
Vielleicht hat er recht. Mutter fühlt sich durch mich in Frage gestellt. Doch warum nur zwingt sie mich zu einem Kontakt, der für mich zu eng, für sie aber viel zu locker ist?
Mit wem fährst du? bohrt Mutter jetzt hartnäckig weiter, und ich sehe sofort den dringlich fordernden Zug in ihrem Gesicht vor mir. Sie möchte teilnehmen, sie glaubt ein Recht darauf zu haben. Nun sag doch endlich, warum machst du aus allem ein Geheimnis!
Allein, sage ich. Es fällt mir nicht schwer, weiterzulügen.
Ich weiß, daß sie jetzt zusammenzuckt. Am liebsten hätte ich geantwortet: Das geht dich gar nichts an. Vielleicht sollte ich sie einfach einmal grob und wütend zurückstoßen, statt immer wieder halbe Zugeständnisse zu machen. Ich möchte meine Ruhe haben vor ihr, entschuldige ich mich. Aber ich möchte den Faden auch nicht abschneiden, den sie immer wieder zu festigen versucht. Deshalb heuchle ich ihr eine Verbundenheit vor, die längst nicht mehr besteht.
Es ist ihr Leben, hat Olaf gesagt, als ich mich mal wieder über Mutter beschwerte, du hast kein Recht, ihr deine Vorstellungen vom sinnvollen Dasein aufzuzwingen.
Wir sollten wieder einmal Tennis spielen, sage ich, um sie von der Toskana abzulenken. Das letzte Mal hast du mich in drei Sätzen geschlagen.
Sie lacht: Ich bin immer noch ganz fit.

Sie scheint ihren Leistungsstand regelmäßig zu überprüfen.
Noch, sagt sie, noch ist alles in Ordnung.
Hat sie Angst, daß es nicht mehr lange so bleiben könnte?
Ich habe an der Wand backhand geübt, sage ich. Das nächste Mal werde ich weniger schlapp sein.
Backhand ist deine Schwäche, sagt Mutter eifrig, von Tennis versteht sie etwas. Jeder Gegner merkt das und nützt das aus. Warum sagst du mir nicht, mit wem du fährst?
Sie ahnt also doch, daß ich sie belüge.
Du kennst ihn nicht, wehre ich mich matt. Es ist ein Experiment, diese Reise.
Keine schlechte Idee, sagt Mutter, auf Reisen lernt man sich kennen. Ich wünsche dir viel Glück. Besucht mich mal beide, wenn ihr zurück seid.
Ihre Stimme klingt enttäuscht. Sie hat die Entfernung zwischen uns nicht überbrücken können. Ich spüre, wie sie aufgibt, sie fühlt sich zurückgestoßen, ausgeschlossen. Nach unserem Telefongespräch wird sie sich auf ihre Couch werfen, die Knie anziehen, mit beiden Händen ein Kissen umklammern, in das sie hemmungslos hineinschluchzt. Ich hasse diese Szenen.
Aber vielleicht ist ja dieser Freund in der Nähe. Vielleicht hört sich der Neue ihre Klagen über ihre undankbare Tochter an, um die sie sich wieder einmal vergeblich bemüht hat.
Hast du ihr gegenüber nie ein schlechtes Gewissen? habe ich Olaf einmal gefragt.
Er hat nur verständnislos den Kopf geschüttelt. Warum?
Er hat recht. Warum sollte er ein schlechtes Gewissen haben? Er erfüllt scheinbar alles, was sie von ihm erwartet. Er belügt sie ständig, jedenfalls läßt er sie im Glauben, daß er zuverlässig Schritt für Schritt Karriere macht. Noch nie hat sie an ihm gezweifelt. Nie hat sie auch nur den Versuch gemacht, mehr von ihm zu erfahren, als er freiwillig preisgibt. Mädchen? Kommt später, lacht er, und sie ist es zufrieden.

Olaf beschränkt seine Besuche auf hohe Fest- und Feiertage. Er läßt sich nicht in die Karten gucken. Er hat angeblich kein Telefon, weil er nach Feierabend seine Ruhe haben möchte. Daß er bereits dreimal die Firma gewechselt hat, ohne dabei etwas zu gewinnen, weiß Mutter nicht, auch nicht, daß sein derzeitiger Freund, mit dem er zusammenlebt, erst sechzehn ist. Olaf fährt bei seinen Besuchen mit einem geliehenen Wagen vor und lädt sie ins Bristol ein. Sie genießt es, von ihm ausgeführt zu werden. Ich weiß nicht, was sie sich erzählen, ich bin noch nie dabeigewesen. Olaf mimt den vorbildlichen Sohn, er spielt seine Rolle perfekt.

Als die Großeltern noch lebten, hat Mutter ihnen, ähnlich wie Olaf, das vorgemacht, was sie sehen wollten. Püppchen nannten sie die einzige Tochter. Sie blieb ihr Liebling, wir waren, verglichen mit ihr, minderwertige Kopien. Das rote Fotoalbum, angefangen mit Püppchen auf dem Eisbärfell bis Püppchen als Tennis-Star oder liebreizende Braut, lag immer griffbereit neben Großmutters Nähtisch.

Wie Püppchen aussah, als sie genauso alt war wie ihre achtjährige Tochter, war für mich niederschmetternd. Ich brauchte nur in den Spiegel zu schauen. Dem blondgelockten Engel im blauen Samtkleid konnte ich nur die Zunge rausstrecken. Zu meinem Unglück gab es auf dem Boden eine Kommode voll mit Püppchens Kleidern. So wurde ich denn auch in Samt gesteckt, mußte mir Spitzenkragen gefallen lassen und das betretene Schweigen ertragen, wenn ich, dürr und mit strähnigen Haaren, nicht entfernt heranreichte an den Engel, der vor mir das Kleid getragen hatte.

Die Großeltern hatten ihre Liebe an Püppchen verschwendet. Für Olaf und mich blieb wenig übrig. Wenn Mutter, das Racket unterm Arm, im kurzen Tennisröckchen, sich über Großmutter im Lehnstuhl beugte und sich mit hundert Küßchen für zwei Stunden verabschiedete, wandte ich mich be-

schämt ab. So albern könnte nicht einmal eine jüngere Schwester sein.
Ich weiß nicht, seit wann ich mich erwachsener als Mutter fühlte und ihre Kleinmädchen-Koketterie kaum erträglich fand.
Spätestens nach dem Tod der Großeltern hätte sie ihre Rolle wechseln müssen, meine ich. Sie trug nun allein die Verantwortung für uns. Doch es war ja alles geregelt, sie konnte weiterhin sorglos in den Tag hinein leben. Sie ließ alles unverändert. Nachdem Olaf und ich ausgezogen waren, klagte sie gelegentlich, daß das Haus für sie allein reichlich groß sei.
Daß wir auf ihren Rat keinen Wert legen, hat sie früh gemerkt. Es ist alles so anders bei euch, seufzt sie manchmal, ich verstehe so wenig davon. Aber sie gibt sich auch nicht die geringste Mühe, zu verstehen und mitzudenken. Sie ist froh, daß wir sie mit unseren Problemen nicht belasten.
Wenn du damit glücklich wirst, ist ihre Standardformel, mit der sie jedes Mitspracherecht von sich schiebt. Wir sind oft unterschiedlicher Meinung, aber es gibt keine Auseinandersetzung, keine nennenswerte Diskussion. Es ärgert mich jedesmal.
Glück ist für Mutter ein Fetisch. Sie ist fest davon überzeugt, daß sie im Gegensatz zu mir die Fähigkeit hat, glücklich zu sein.
Du kannst dich nicht freuen, wirft sie mir vor.
Es stimmt, ich habe wohl noch nie gestrahlt wie sie, wenn sie ein Match gewonnen hat. Aber warum sucht sie sich immer schwache Gegner wie mich aus? Backhand, ich würde sie gern mal besiegen, daß ihr das Lachen vergeht. Aber jedesmal, wenn ich mit wütender Kraft zurückschlage, irritiert sie mich.
Du drischst ja, schreit sie verächtlich, es sieht fürchterlich aus.
Ich bringe es einfach nicht fertig, ihr Manöver zu ignorieren und mit allen Mitteln zu kämpfen, die mir zur Verfügung ste-

hen. Ich komme sofort aus dem Takt, und schon ist meine Wut zusammengesunken. Ich weiß, was hinter ihrem Lächeln steckt, wenn sie mir wie ein Profi übers Netz die Hand schüttelt. Ich kann nur die Zähne fletschen.

Backhand, es ist lächerlich, ich habe tatsächlich im Club wie ein Anfänger an der grünen Wand geübt.

Wann fährst du? fragt Mutter jetzt.

Gleich, nachdem ich das Referat gehalten habe, sage ich unbestimmt.

DIE TAUBEN

Sie bewegten sich ruckartig mit vorsichtigen kurzen Schritten, nickten mit ihren kleinen silberweißen Köpfen und trugen stets Grau, Beige oder Blaßblau. Wir nannten sie die Tauben. Sie sahen sich zum Verwechseln ähnlich. Erst auf den zweiten Blick erkannten wir, daß die eine älter und auch ein wenig größer und dicker war.
Der Ober bediente sie achtungsvoll; sie gehörten offensichtlich zu den im Hotelgewerbe geschätzten, nicht allzu anspruchsvollen Stammgästen, die am letzten Tag das Trinkgeld reichlich bemessen. Er geleitete sie jedesmal zu ihrem Tisch am Fenster und schob ihnen die Stühle zurecht. Stets setzte er sein professionelles Lächeln auf, wenn er ihre Bestellung entgegennahm, und machte einen kleinen Scherz, auf den regelmäßig ein zweistimmiges Echo folgte.
Wir waren zum erstenmal hier, wollten ein paar Tage ausspannen und das Thermalbad genießen. Ernst hatte sich beim hiesigen Bauamt verabredet; er brauchte Unterlagen für sein Gutachten. So konnten wir das Angenehme mit dem Nützlichen verbinden.
Er steuerte sofort auf den Tisch neben den Tauben zu. Er hat ein Faible für alte Damen. Sie erinnern ihn an seine sehr geliebte Großmama. Außerdem spielt er auch gern den Kavalier und freut sich, wenn seine Bemühungen dankbar registriert werden. Fast übertrieben liebenswürdig grüßte er zum Nachbartisch hinüber. Er hält die üblichen unverbindlichen Um-

gangsformen, dieses Aneinandervorbeisehen und angedeutete Kopfnicken, für eine Verflachung oder Verhinderung mitmenschlicher Beziehungen.
So ein Hotel mit alten Gästen ist wie eine Anstandsschule, sagte er, selbst der dicke Vertreter dort hinten benimmt sich gesittet, wenn die Tauben den Speisesaal betreten. Hast du bemerkt, wie er sich das fettige Kinn mit der Serviette abtupfte und sofort den Daumen von der Messerschneide nahm?
Hatte ich natürlich nicht, ich bin im Gegensatz zu Ernst kein besonders begabter Beobachter. Mit seiner Vorliebe für Anstand und feine Sitten würde er gut ins neunzehnte Jahrhundert passen. Frühes, bittet er sich aus, Gehrock und Vatermörder stünden ihm. Er geht und hält sich so gerade, als wären seine Jeans und der zerknitterte Leinenblazer Kniehose und Bratenrock.
Während er auf dem Bauamt Daten sammelte und Pläne kopierte, lag ich faul am Swimmingpool, döste und blätterte in einer der Zeitschriften, die für solche leeren Stunden gemacht sind: Stars, Mode und ein paar reiche Leute, die sich wichtig tun, nichts weiter.
Im Halbschatten der Platanen hatten die Tauben Platz genommen. Sie trugen beide Strohhüte, Canotiers, wie man sie heute wieder sieht, der eine mit einem schwarzen, der andere mit einem hellblauen Ripsband geschmückt. Sie saßen mit steifem Rücken auf den verschnörkelten weißen Gartenstühlen und lasen. Zierlich hielten sie ihre Bücher vor die kurzsichtigen Augen. Zeitschriften, wie ich sie gerade durchblätterte, nahmen sie gewiß nur beim Friseur zur Hand.
Gelegentlich hörte ich sie sprechen. Mama, sagte die Jüngere mit überraschend tiefer, rauher Stimme, was sagst du dazu? Sie las der älteren, die ihr Buch weggelegt hatte, ein paar Sätze vor, und beide brachen in ein Gelächter aus, das für den kleinen Hotelgarten unangemessen laut war.

Mutter und Tochter also. Ich hätte es mir denken können, obwohl sie alterslos gleich aussahen. Sie waren aufeinander eingespielt. Als die Tochter aufstand, erhob sich auch die Mutter, stützte sich auf ihren schwarzen Stock und hakte sich bei der Jüngeren ein. Einträchtig trippelten sie auf dem Plattenweg nebeneinander, nickten mir, als sie mich erkannten, freundlich zu und zogen sich ins Hotel zurück. Auch im Halbschatten war es ihnen wohl an diesem schwülen Sommertag zu heiß geworden.
Ernst kam erst gegen Mittag und stürzte sich ins Chlorwasser, das angeblich auch von den heilkräftigen Quellen gespeist wird. Die Tauben waren hier, sagte ich. Es sind Mutter und Tochter.
Kaum zu glauben, meinte er, ich hätte sie für Schwestern gehalten. Beim Abendessen wollte er seine Brille aufsetzen.

Ich hatte mich eigentlich auf die Weinstube gefreut, die ich gleich um die Ecke entdeckt hatte. Man konnte dort in einer Laube im spärlichen Licht bunter Glühlämpchen draußen sitzen. Etwas primitiv vielleicht, die Küche würde für verwöhnte Zungen kaum Genüsse bieten. Aber abends würde man die kühle Brise von den Bergen spüren. Doch da Ernst unbedingt zum Abendessen die Tauben im Speisesaal wiedersehen wollte, stellte ich mich um, zog mein kleines Grünseidenes an und legte ein sanftes Make-up auf. Auf Reisen füge ich mich. Ich lasse es gar nicht erst zu Mißstimmungen kommen. Ob dieses oder jenes Lokal, mir ist es im Grunde egal. Hauptsache, Ernst behält seine gute Laune. Wir sind seit zwölf Jahren verheiratet, da paßt man sich an. Wir streiten uns selten um Lappalien.
Wir waren die ersten an der Bar. Mühelos spielten wir das perfekte Paar im besten Alter, das die Freuden des Lebens zu schätzen weiß. Zwei Campari, mit viel Eis, bestellte Ernst und legte den Arm um meine Schulter, als sei er noch immer ver-

liebt. Am Mahagonitresen mit dem blankgeputzten Messinggestänge hatten schon Berühmtheiten des Schaugewerbes Champagner geschlürft oder sich schlichtweg vollaufen lassen. Gruppenfotos im schwarzen Rahmen mit krakeliger Unterschrift ließen eher auf das Letztere schließen. Das Blitzlicht hatte ihnen allen die Augen aufgerissen. Wie lange ist das her? Wer kennt sie noch nach dreißig, vierzig Jahren? Der junge Barkeeper hatte wahrscheinlich erst lernen müssen, wer Käthe Gold oder Willy Birgel war. Solche Erinnerungen sind etwas für die Alten oder für Nicht-mehr-Junge wie uns.

Die Tauben betraten die Bar; unschlüssig blieben sie hinter dem Flügel stehen. Er war wohl schon lange nicht mehr geöffnet worden. Für die wenigen Gäste lohnte sich ein Pianist nicht. Der Barkeeper grüßte dezent, er hatte das Tonband mit den Evergreens so leise gestellt, daß nur unmittelbar am Tresen zu hören war, wie Glenn Millers Big Band Star-Dust oder etwas Ähnliches in weichen Klangwellen fluten ließ. Die beiden Damen näherten sich zögernd. Die bordeauxroten Sessel in der Ecke schienen ihnen offensichtlich zu abgelegen, um dort die Zeit bis zum Essen abzusitzen.

Ernst rückte zwei Barhocker ein wenig ab und tat, als habe er die Tauben erwartet. Wir sind sehr früh, stellte er fest, darf ich Sie zu einem Drink einladen?

Die Jüngere machte eine erschrocken abwehrende Geste, doch die Ältere lächelte Ernst hocherfreut an und schwang sich ohne Umstände auf den ungewohnt hohen Sitz. Einen Tokaier bestellte sie für sich und für die Tochter, als käme nichts anderes in Frage, einen doppelten Wodka.

Ernst ließ sich nicht anmerken, daß er sich über den Doppelten wunderte. Er machte sich formvollendet bekannt und erfuhr prompt, daß wir es mit Mutter und Tochter Ambrosius zu tun hatten.

Ein klangvoller Humanistenname, sagte er bewundernd, doch

offenbar waren die Damen darauf nicht besonders stolz. Sie gingen auf die unverbindliche Huldigung nicht ein.
Wir sind zum achtenmal hier, fing die Ältere an.
Ein angenehmes Haus, sagte Ernst, still und dabei zentral gelegen. Er würde bald herausbekommen, wo die zwei herkamen und was es Bemerkenswertes in ihrem Leben gab. Er war wie ein wohlerzogener Neffe, der sich übertrieben beflissen um seine Tanten bemühte, weil er daran interessiert war, im Erbfall zum Kreis der Bedachten zu gehören. Ich weiß nicht, warum ich immer biestig werde, wenn Ernst sich so intensiv um wildfremde alte Damen kümmert.
Während die Ältere an ihrem Tokaier nippte und sich kennerisch die Flasche zeigen ließ, kippte die Jüngere ihren Wodka hastig herunter. Mit Mühe brachte Ernst ein schleppendes Gespräch in Gang. Von einer sprudelnden Unterhaltung waren wir weit entfernt.
Was hat er nur immer mit diesen ältlichen Tanten, fragte ich mich ärgerlich zum hundertstenmal und versuchte die jüngere Taube, die sich gerade den zweiten Doppelten bestellte, zum Reden zu bringen. Eine Schluckschwester offenbar, wer verträgt schon Wodka in doppelten Portionen auf nüchternen Magen!
Sie kennen die Gegend gewiß genau, begann ich, haben Sie ein paar Tips für uns?
Die jüngere Taube schaute sich hilfesuchend nach der Älteren um. Für Tips war sie offenkundig nicht zuständig. Ja, sagte sie vage, natürlich haben wir Ausflüge gemacht. Neumeyer ist auf jeden Fall die beste Konditorei weit und breit, und Schmidtbrenner ist ein gutes Weinlokal.
Sie hatte die Finger um ihr Glas gelegt, drehte es hin und her und starrte es an, als wollte sie den letzten Tropfen Wodka genau untersuchen. Warum trank sie wohl?
Ernst erfuhr unterdessen, wie es sich in Potsdam lebte, als es

noch Preußens Elite-Garnison war. Woher die Tauben kämen, hatte er also schon herausbekommen.
Das gibt es nicht mehr, sagte die große Taube. Ohne Uniformen ist Potsdam eine Stadt wie jede andere. Und die Trottoirs – alles aufgerissen! Nirgendwo können Sie gehen, ohne einen Knöchelbruch zu riskieren. In unserem Haus wohnen zwölf Parteien. Wir werden es nicht mehr erleben, daß diese Leute ausziehen. Sie verzog die Mundwinkel zu einem bitteren Abwärtsbogen. Es kommt alles zu spät, schloß sie seufzend.
Aber, mischte ich mich ein, Potsdam ist immer noch eine schöne Stadt, das holländische Viertel, die Parks. Sind Sie nicht froh, daß Sie wieder hinfahren können, wann und wie Sie möchten?
Strafende Blicke trafen mich. Ernst fand meinen Einwurf naiv, und die alte Taube betrachtete mich indigniert, als hätte ich etwas Ungehöriges gesagt. Unbehagen breitete sich an der Bar aus.
Als die jüngere Dame Ambrosius dem Barkeeper wortlos ihr leeres Glas hinschob, griff die Ältere blitzschnell zu. Ihre Augenbrauen wölbten sich in die gefurchte Stirn. Sie riß das Glas geradezu an sich. Die Tochter senkte den Kopf und zog die Schultern hoch.
Als sei nichts geschehen, setzte die alte Dame das Gespräch fort. Meine Tochter ist dort zur Schule gegangen, sagte sie, ohne die Stimmlage zu verändern. Damals glaubten wir noch, es würde nicht lange dauern. Wir wären geblieben, schließlich besaßen wir noch das Haus. Aber dann rieten uns Freunde wegzugehen, solange man nach Westberlin mit der S-Bahn fahren konnte.
Ernst setzte sein mitfühlendes Gesicht auf. Konnten Sie Ihre Ausbildung im Westen fortsetzen? fragte er die Tochter.
Wo denken Sie hin, fiel ihm die Mutter ins Wort. Ich wurde krank und brauchte Pflege. Ilona hat sich geopfert.

Sie sagte es spöttisch, fast ein wenig boshaft oder verächtlich. Das Opfer wurde zwar registriert aber nicht anerkannt.
Die alte Taube wurde mir zunehmend unsympathisch. Aber Ernst hatte noch immer nicht genug. Und während ich ausrechnete, wie viele Jahrzehnte die Tochter sich für die Mutter geopfert haben mochte, bohrte er weiter.
Sie haben gewiß in Berlin eine neue Heimat gefunden, sagte er. Es war und ist noch immer eine faszinierende Stadt. In zehn Jahren wird es alle anderen europäischen Städte übertroffen haben.
Goslar, krächzte die jüngere Taube mit ihrer seltsam tiefen Stimme, wir leben in Goslar. Sie hob ruckartig den Kopf und warf ihrer Mutter einen triumphierenden Blick zu. Das verwirrte Gesicht von Ernst amüsierte sie sichtlich.
Goslar, die Kaiserpfalz, Reichsstadt, stammelte er. Ich habe da schöne Erinnerungen an den Rathausplatz, das Fachwerk, den breiten Grüngürtel. Ich bin Stadtplaner, wissen Sie, da bekommt man einen Blick für die Topographie.
Die Tauben kicherten. Es lebt sich angenehm in der grünen Stadt, gab die Ältere zu. Übersichtlich und akkurat ist dort alles. Sie wollte das Kapitel Goslar abschließen.
Goslar, die jüngere Dame Ambrosius blieb beharrlich dabei. Dort wohnte, als wir hinzogen, nur eine einzige Generalin, sagte sie boshaft. Mama hat sie rasch verscheucht: Seitdem tritt die Konkurrenz nicht mehr in der Öffentlichkeit auf. Sie lachte mit tiefer Krähenstimme und hörte auch nicht auf, als die Mutter weitersprach.
Wir reisen viel, bemerkte die Ältere, das Krähenlachen ignorierend. Den Winter verbringen wir in Nordafrika. Kennen Sie Djerba? Die heißen Quellen dort sind eine Wohltat.
Aber die Hotelpagen sind frech wie Berliner Gören, ergänzte die Tochter. Sie nestelte an ihrer Handtasche herum; offensichtlich wollte sie sich jetzt auf eigene Rechnung einen Doppel-

ten bestellen. Weißt du noch, Mama, wie sie grinsten, als du in den Pool stiegst?

Djerba, sagte die alte Taube zäh, ist ideal zum Überwintern. Nur manchmal gibt es diesen Sandsturm aus der Sahara. Wie heißt er doch, Ilona?

Die Tochter zuckte gleichgültig die Schultern. Sie hatte den dritten Doppelten im Glas, bald würde ihr alles egal sein.

Jetzt wird Ernst mit seinen Großmama-Geschichten beginnen, dachte ich. Mir kann er sie nicht mehr erzählen, ich schlafe dabei ein. Doch ohne Zuhörer gelingt es ihm nicht, seine kleine Großmama mit ihren schneeweiß plissierten Einsätzen im stets schwarzen Kleid zu beschwören. Großmama verstand alles, konnte alles, war immer da und die Güte selbst. Wer sich das zum tausendstenmal anhören muß, wird taub oder verrückt.

Die jüngere Taube stierte Ernst mit verschleierten Augen an. Dann wandte sie sich an die Ältere. Plissiert, gluckste sie, du trägst doch auch Plissiertes, Mama.

Ilona, sagte die Ältere streng.

Ernst war irritiert. Ein wenig erinnert mich Ihre Frau Mama tatsächlich an meine Großmama, stotterte er.

Ilona brach wieder in ihr häßlich krächzendes Gelächter aus. Siehst du, Mama, plissiert. Das künstliche Gefältel. Ich werde darin keine verklärten Erinnerungen verstecken, das versprech ich dir.

Sie rutschte von ihrem hohen Hocker und schob ihr Glas vor den Barmann. Noch einmal, sagte sie herausfordernd. Sie hatte plötzlich glänzende Augen und war um zehn Jahre verjüngt.

Wir sollten zum Essen gehen, schlug Ernst vor. Gleich würden die Tauben nicht nur mit Worten aufeinander einhacken, fürchtete er wohl.

Die Generalin sah auf die Tochter herab. Kind, zischte sie leise mit verkniffenem Gesicht, du weißt, was passiert.

Aber Ilona ließ sich nicht mehr aufhalten. Sie schwankte ein wenig, als sie über das Messinggestänge hinweg griff und das Tonbandgerät laut stellte. Mit drei Schritten war sie auf der kleinen Tanzfläche und versuchte mit ihrem ganzen hageren Körper den Slowfox-Rhythmus zu finden. I love you, gluckste sie und warf Ernst einen komplizenhaften Blick zu. Plissiert, rief sie und wedelte mit den Händen vor ihrer Brust, als wären dort Falten zu ordnen. I love you, krächzte sie und drehte sich leicht schwankend im Kreis. Sie hatte den kleinen Kopf mit den dünnen glattgrauen Haaren in den Nacken gelegt, die Augen halb geschlossen. Die seitlich ausgestreckten Arme hielten mühsam die Balance.

Ernst und ich schauten uns verblüfft und unsicher an. Der junge Barkeeper fand als erster seine Fassung. Er stellte die Musik ab, dann ging er schnell auf die Tanzfläche.

Madame, sagte er leise, Madame! Er faßte sie behutsam am Ellbogen und geleitete sie zu einem der bordeauxroten Sessel in der Ecke. Ich werde Ihnen sofort ein Glas Wasser bringen, versprach er.

Während er sich entfernte, näherte sich die alte Taube und nahm in dem anderen Sessel Platz. Es hat nichts zu bedeuten, wirklich nichts, sagte sie zu uns und ergriff die schlaff herabhängende Hand ihrer Tochter.

Wir sind an diesem Abend tatsächlich noch in die Weinstube um die Ecke gegangen. Denkst du an die Tauben, fragte ich Ernst, die lieben alten Tauben, die für Anstand und Sitte sorgen, die reizenden Damen, die sich so zugetan sind? Es war nicht fair von mir, ich weiß.

WARTEN

Ich sitze am Fenster, das Telefon neben mir. Blasse Wintersonne wärmt das Glas ein wenig. Ich starre hinaus in den bereiften Garten, jeder Zweig ist versilbert mit hauchdünnen Kristallen. Zerbrechlich sind die Büschel des Blauschwingels, die langen Rispen der Steppenkerzen. Es ist so still, daß ich das Verrinnen der Zeit fast schmerzhaft laut höre: Auf dem Kaminsims tickt die alte Pendeluhr unter ihrem Glassturz.
Ich warte auf einen Anruf, sehne mich nach einer Nachricht, einem Besuch. Franca müßte doch spüren, wie sehr ich jetzt etwas brauche, was mich froh macht. Vielleicht hat sie sich schon ins Auto gesetzt und steht plötzlich vor der Tür. Während ich umständlich aufschließe – die Sicherheitskette klemmt mal wieder –, wird sie sich bemühen, ihre Ungeduld zu bezähmen, bis endlich die Tür aufspringt. Na, fragt sie jedesmal, ist die Überraschung gelungen? Sie wird mich umarmen und herumschwenken, bis mir schwindlig wird. Ich werde ihre Kraft fühlen, ihre ansteckende Freude. Mütterchen, sagt sie immer, kleines Mütterchen, du wirst immer leichter.
Wenn sie hier ist, füllt sie das Haus bis in den letzten Winkel. Sie braucht viel Platz, breitet sich aus, nimmt mich ganz selbstverständlich in Beschlag. Das muß ich dir erzählen, sprudelt sie heraus, Lizzy geht nach Amerika, sie will mir da einen Job besorgen. Und neulich: Ich habe es endlich geschafft, der Prof. ist einverstanden mit meinem Thema. Oder: Ich gebe eine Party für unseren Kurs, kannst du mir Gläser borgen?

Sie wirft mir winzige Schnipsel aus ihrem Leben hin, und ich schnappe gierig danach. Erst später werde ich sie zusammensetzen zu einem beim nächstenmal schon wieder veränderten Bild. Ich hinke nach, komme kaum mit ihrem Tempo mit. Sie versorgt mich mit guten Botschaften, reißt mich in ihren Alltag: die Freunde, die Uni, der tolle Film, den sie sich mit mir ein zweites Mal ansehen will, wenn sie Zeit hat, wenn sie Zeit hat... Doch es dauert nur zwei Stunden oder einen Tag. Dann ist sie wieder fort. Zurück bleiben Versprechungen, vage Pläne: Wir sollten wieder einmal nach London fliegen. Oder im Harz wandern. Weißt du noch? Wie lange ist das her.

Damals war ich es, die Pläne machte, die Tickets kaufte, die Route bestimmte, über Franca verfügte. Jetzt warte ich, daß sie für mich da ist. Ein paar Minuten wenigstens. Ich mag nicht anrufen, nicht betteln um ein paar Sätze. Ja, sagt sie und dehnt den Vokal zur Frage, wenn ich gegen meine Vorsätze doch ihre Nummer gewählt habe. Es ist ihr lästig, sie läßt es mich deutlich spüren. Ich bin gerade dabei, fängt sie meistens an, und ich höre heraus, daß ich sie störe. Sie ist immer gerade dabei, irgend etwas intensiv und konzentriert zu erledigen, ob sie ihr Referat vorbereitet, Yogaübungen macht oder eine Pizza backt.

Nur keine Vorwürfe, keine Klagen, nehme ich mir vor. Aber was sonst? Ich muß zugeben, daß ich nichts Wichtiges mitzuteilen habe. Nein, wirklich nichts, nichts von Bedeutung. Ich wollte dich nur hören. Auch das ist schon zuviel. Sie soll nicht merken, daß ich traurig bin, daß ich sie brauche, gerade jetzt.

Affenliebe sei das, wirft Hannes mir vor. Er liebe seine Tochter zwar nicht so überschwenglich wie ich, aber auf keinen Fall weniger. Er hinge nicht so penetrant an ihr, wie ich das tue. Du wirst die Quittung bekommen, warnt er, sie wird dich zurückstoßen, weil du sie nicht losläßt; sie ist erwachsen, sie findet ihren Weg allein.

Wir waren immer ein ideales Vater-Mutter-Kind-Trio, habe ich gedacht. Aber nun bin ich aus dem Dreieck herausgefallen und habe es zu spät bemerkt. Hannes ist überzeugt, fast alles ließe sich mit Vernunft und ein bißchen Geduld lösen. Und Franca stimmt ihm zu. Sie hat keine Schwierigkeiten, auf seine vernünftigen Vorschläge einzugehen. Wenn wir drei zusammen sind, sehen mich die beiden oft mitleidig an. Sie werfen sich Blicke zu, die mich ausschließen. Sie hat es immer noch nicht kapiert, heißt das oder, schlimmer noch: Sie schafft es einfach nicht mehr. Aber dann loben sie die Lammkeule, den Kirschauflauf, die Kamelien im Wintergarten, die ich wieder zum Blühen gebracht habe. Du hast ein grünes Händchen, sagt Franca bewundernd, und Hannes rekelt sich zufrieden in seinem Lieblingssessel, wenn ich ihm nach dem Essen den Cognac bringe. Ist das alles nichts? Warum bin ich nicht mehr zufrieden, warum fühle ich mich so mies?

Leeres-Nest-Syndrom, sagt Hannes sachlich, du leidest darunter, das ist nicht ungewöhnlich; die Zeit heilt es, verlaß dich drauf. Er bemüht sich, nachsichtig zu sein, schlägt einen liebevoll-besorgten Ton an, aber seine Dienstreisen werden immer länger. Er hält es zu Haus nicht aus. Vorige Woche hat er mir das Programm der Volkshochschule mitgebracht. Du wolltest doch immer Spanisch lernen, sagte er, oder Töpfern oder Rückengymnastik.

Es war gut gemeint, aber ich brach in Tränen aus. Ich weine bei jedem Anlaß und verachte mich deswegen. Selbstmitleid paßt nicht zu mir. Früher fühlte ich mich immer stark. Jetzt spüre ich Pfeile, die sich gegen mich richten. Ich wage nicht mehr, mich zu bewegen, weil sie mich verletzen könnten. Ich bin dünnhäutig geworden; unsicher ziehe ich mich zurück.

Franca merkt nicht, wie schlecht es mir geht. Migräne, sagt sie achzelzuckend, oder Föhn, wenn ich über Schlaflosigkeit und Kopfschmerzen klage. Geh doch ein bißchen unter Menschen, rät sie, lade dir jemanden ein.

Sie redet so, wie es in jedem Ratgeber steht. Ich bin ein Fall wie viele. Die Sprechstunden der Ärzte sind voll von Patientinnen in meinem Alter, die ängstlich auf Symptome des Unglücks horchen und keineswegs erleichtert sind, wenn nichts zu finden ist und der Rezeptblock leer bleibt. Ein nachweisbares Leiden wäre schließlich eine brauchbare Erklärung für vieles.
Nachts träume ich von Franca. Eine Riesin im roten Minirock steht mit gespreizten Beinen vor mir. Ich reiche ihr nicht einmal bis zum Knie. Vergeblich suche ich ihre Augen, sie sind zu hoch. Das vorgereckte Kinn und die geblähten Nasenlöcher kann ich gerade noch erkennen. Mit irgendeinem Wort habe ich ihren Zorn erregt. Sie stampft auf, beinahe wäre ich unter ihre Sohlen geraten. Ich werfe mich stöhnend vor ihre Füße, verzeih mir, flehe ich und weiß gar nicht, was sie mir verzeihen soll. Die Riesin bückt sich, und ich schrumpfe noch mehr zusammen. Ohne Mühe nimmt sie mich in die Hand und hält mich dicht vor ihre Augen. Ein weiblicher Gulliver. Jetzt sehe ich diese grüngrau geäderten Marmorscheiben mit dem schwarzen Stern in der Mitte aus nächster Nähe. Erbarmen! flüstere ich, aber nichts zuckt in dieser steinernen Kälte. Aus dem Riesinnenmund weht eisiger Atem. Ich erwache zitternd. Meine Bettdecke ist heruntergerutscht.
Taumelnd gehe ich in die Küche. Heiße Milch soll beruhigend wirken. Ich möchte den Traum schnell vergessen. Aber immer wieder drängt sich diese monströse Frau, die Franca ähnelt, in meine Gedanken. Ich kann verstehen, daß viele Menschen ihre Träume mit Tabletten unterdrücken. Ein alberner Traum, sage ich mir. Das Bild von einem solchen Frauenmonster habe ich unlängst in einer Galerie gesehen, etwas für masochistische Männer, habe ich damals gedacht, der breite schwarze Ledergurt, die martialischen Stiefel mit den hohen Absätzen, das maskenhafte Gesicht, der verächtlich verzogene Mund.
Und trotzdem grübele ich, warum mich gerade diese Riesin im

Traum verfolgt. Hat sich mein Verhältnis zu Franca so extrem verändert? Ist sie mir um so fremder geworden, je weiter sie sich von mir entfernt hat? Kann ich sie überhaupt noch verstehen?
Sie wird ein völlig anderes Leben führen als ich, das habe ich immer akzeptiert. Manchmal war ich erstaunt, mit welcher Sicherheit sie ihre Pläne verfolgte. Das Studium, die Scheine, die möglichen Vergünstigungen – sie erreichte, was sie wollte. Sie hat stets diesen kühlen und ein wenig überheblichen Blick, wenn sie davon spricht. Davon verstehst du nichts. Sie spricht es nicht aus, aber ich spüre, was sie denkt: Mütterchen, lieb, aber ahnungslos und ein wenig verkümmert. Ja, sie hat mich längst überholt.
Ich setze andere Bilder dagegen: das kleine Mädchen, das sich schutzsuchend in meine Arme flüchtet, das Kuschelkind, das abends nicht in sein eigenes Bett finden kann, die Musterschülerin, die mir stolz ihr Zeugnis entgegenstreckt.
Ich denke an unsere Wanderung im Harz, wir hatten uns verirrt, trafen keinen, den wir nach dem Weg zum Gasthof fragen konnten, wo Hannes schon seit Stunden auf uns wartete. Bei jeder Kreuzung schauten wir uns ratlos an. Vom Himmel war keine Orientierungshilfe zu haben; er hatte sich gleichmäßig grau bezogen. Rechts, schlug Franca vor, da geht es bergab. Bei der nächsten Kreuzung bestimmst du die Richtung. Wir ruhten uns ein paar Minuten auf einem Felsen aus, bis die Kälte des feuchten Steins hochkroch. Meine Knie schmerzten. Aber Franca zog mich weiter. Da hinten die Lichtung, sagte sie, von dort aus können wir bestimmt etwas sehen. Es war schon dunkel, als wir endlich ankamen. Franca strahlte. Wir hatten ein Abenteuer bestanden, die Blasen an den Füßen zählten nicht.
Ich brauche keine Fotos, um meine liebsten Bilder vor Augen zu haben. Ich spüre die kleine, heiße Hand, die sich in meine

schob, wenn es gefährlich zu werden drohte. Ich weiß noch, wie wir nebeneinander im heißen Sand lagen und Franca sich plötzlich aufrichtete und fragte: Wann wird man eine Frau? Sie kann auch heute noch so direkte und unausweichliche Fragen stellen. Wie schaffst du das, hat sie neulich gefragt, treu zu sein über Jahrzehnte? Sie hat gelacht, weil ich rot wurde und stotterte. Es gibt eben verschiedene Arten von Liebe, habe ich verlegen gesagt, meine schließt Treue ein.
Einen Plan machen, etwas Neues anfangen, hat Gaby geraten. Sie ist meine Freundin, aber auch sie spricht so, als referiere sie aus einem Ratgeberbuch. Es sei höchste Zeit, daß ich mich aufraffe, hat sie gesagt. Franca sei nicht alles, ich müsse endlich mein eigenes Leben beginnen. Ich mag es nicht mehr hören. Alle betrachten mich wie ein Kind, das sich weigert, aus dem Laufstall herauszukommen. Doch ich habe mein Zuhause nie als Käfig empfunden. Hier ist mein Leben. Ich hätte es nicht geschafft, wie Gaby zwischen Familie und Beruf hin und her zu hetzen.
Warum machst du nichts mehr mit deinen Perlen? hat Franca bei ihrem letzten Besuch gefragt. Ich habe die Achseln gezuckt – Perlen, mein Kinderspiel. Franca hat sich ein Collier gewünscht, dreireihig aus grüngrau geäderten Perlen, passend zu ihren Marmor-Augen. Ich werde in die Stadt fahren, in dem kleinen Laden nach den Perlen suchen, den Nylonfaden kaufen und wieder das alte Spiel anfangen: Perlen aufreihen zu einer endlos langen Kette.

NIEDERLAGEN

Die Abendmaschine nach Hamburg, rief ich in das Dröhnen, erleichtert, daß die schleppenden Fragen im Garten für Sekunden verstummen mußten. Das jedenfalls hat sich nicht geändert, dachte ich, Flugplan und Flugroute liegen seit Jahren fest. Die Abendmaschine nach Hamburg. Im Winter vibrieren die Fensterscheiben, im Sommer wird die stille Dämmerung zerrissen.
Gleich wird sie aufspringen und das Essen vorbereiten. Soll ich dir helfen, müßte ich fragen. Gleich hat sie mich wieder soweit: So ist's recht, Töchterchen, Musterkind. Ich packe die Kissen mit den ausgeblichenen Streifenbezügen, trage sie ins Haus, folge ihr in die enge Küche, in der zwei Personen sich ständig im Weg stehen.
Ich wußte ja nicht, daß du kommst, entschuldigt sie sich, aber Eier sind da.
Omelette, mein Leibgericht. Sie braucht nicht zu fragen. Ich schlage den Schnee steif, während sie die Champignons aus der Büchse schüttet und in Butter schwenkt.
Schön, daß du da bist! Sie hat es, seit ich vor zwei Stunden die Tür geöffnet habe, mindestens ein dutzendmal gesagt; jedesmal mit einem Anlauf, als wolle sie endlich die Hürde nehmen, die zwischen uns steht. Und jedesmal stockt sie, wartet, daß ich ihr helfe.
Ich hatte es mir einfacher vorgestellt. Es geht nicht mehr! Entschlossen und endgültig sollte es klingen, jede weitere Erkundi-

gung ausschließen, auch jedes Mitleid. Aber nicht einmal diesen einzigen Satz habe ich überzeugend herausgebracht. Sie zog die Augenbrauen fragend hoch. Ich sah, daß ihr wieder einmal der Stift ausgerutscht war. Lächerlich, diese wackligen dünnen Bögen, die die kurzsichtigen Augen preisgeben und das Gesicht noch nackter und verletzlicher machen, als es ohnehin ist.

Ich schweige so lange, bis sie von den Nachbarn zu reden anfängt. Else hat ein Baby, einen Jungen, der Mann ist nun Filialleiter. Sie wendet sich zu mir, als wolle sie feststellen, wie ich auf diese Mitteilung reagiere. Wie schön,' sollte ich wenigstens sagen, oder das freut mich.

Die Fahrt fällt mir ein. Bis das Omelette hochgegangen ist, haben wir einen richtigen Gesprächsstoff: die überfüllte Autobahn, mein alter VW, mit dem ich auch den lahmsten Lastwagen nicht zu überholen wage.

Zu zweit am runden Tisch, an dem sechs bequem Platz hätten. Das Lampenlicht fällt hart auf ihren gesenkten Scheitel: grauer Haaransatz, braune, fuchsige, lohfarbene Strähnen. Sie sollte sich öfter einen Friseur leisten.

Ich bin froh, daß du gekommen bist! Schon wieder diese Formel. Heile, heile Gänschen, wird alles wieder gut. Sie scheint daran zu glauben, auch wenn ihre Mundwinkel nervös zucken und das Lächeln, das sie mir nun schenkt, eher verlegen als ermutigend ist.

Ich frage sie nach Urlaubsplänen, nach dem Wanderverein, von dem sie mir geschrieben hat. Ich frage wie ein höflicher Gast, der die Stille als peinlich empfindet. Sie wird lebhaft, lacht, beschreibt den Trupp, der sich jeden Sonntagmorgen an der Endstation der Straßenbahn trifft: Loden, rote Kniestrümpfe, Stiefel mit Profilsohlen, Feldstecher und einer, ein pensionierter Steuerinspektor, mit dem Kosmos-Pflanzenbuch im Rucksack.

So sehen die aus, sagt sie, komische Typen, wir alle, ich auch. Aber die Wochenenden seien nun nicht mehr so lang, so leer, und sie warte auch nicht mehr, daß etwas geschehe, ein Anruf, der alles klärt, alles ändert, rückgängig macht. Nein, sie warte nicht mehr, das sei vorbei.

Sie hat immer schneller geredet, immer leiser. Jetzt richtet sie sich auf, sucht meine Augen, macht sich hart. Siehst du, es geht schon, sagt sie, mit der Zeit geht es.

Jetzt bin ich dran. Jetzt müßte ich reden in den warmen Lichtkegel, in das Dunkel ringsum oder auf den graucheckigen Scheitel, der nun wieder gesenkt ist, weil er verbergen muß, daß ihre Augen blind sind von Tränen.

Es fing so gut an, beginnt sie zaghaft. Und ich weiß nicht, gilt das für sie oder für mich.

Kann ich hier schlafen? frage ich.

Sie sieht mich gekränkt an: Es ist doch dein Zimmer.

Sie stellt die Teller zusammen, legt umständlich das Besteck über Kreuz. Daß wir voreinander immer in Geschäftigkeit fliehen müssen, daß wir so überaus rücksichtsvoll miteinander umgehen, daß wir uns niemals über die Tischbreite näher kommen, die uns meilenweit voneinander trennt! Ihre Erwartungen füllen das Wohnzimmer, bedrängen mich. Gleich werde ich sie platzen lassen. Kurz und schmerzvoll ist besser als dieses Zögern. Schließlich ist das meine Sache, geht sie nur am Rande etwas an. Ihren Anspruch auf Teilhaberschaft habe ich immer zurückgewiesen. Was kann ich dafür, daß sie den Anfang so wunderbar weitergesponnen, Hoffnungen mit Wirklichkeit verwechselt, meinen Versuch mit ihren Wünschen geschmückt hat!

Wir haben uns in den tiefen Sesseln niedergelassen. Ich strecke die Beine aus und merke plötzlich, daß ich in die tiefe Kuhle sinke, die Vater auf diesem Polster hinterlassen hat. Sein Stammplatz. So saßen sie beide, jeden Abend, die Sessel im

Winkel zueinandergerückt, auf den Fernsehapparat ausgerichtet. Er hingefläzt wie ich, die Bierflasche in Greifweite, das Glas in der Hand; sie aufrecht, die Füße nebeneinander, das Strickzeug im Schoß, stumm. Von der Mattscheibe Unterhaltung, die Welt im präparierten Ausschnitt, die Schrecken handlich zur Ansicht, im Kleinformat.
Wann haben sie wohl aufgehört, miteinander zu reden? Wann begann das Gezänk? Wann begann die Stumpfheit tödlich zu werden? Hat sie denn nie bemerkt, wie abwesend er dem Schattentheater folgte, wie selten er ihre Fragen verstand? Hat sie überhaupt gefragt? Wurde sie tatsächlich erst mißtrauisch, als die Ausreden häufiger, die gemeinsamen Abende vor dem blauen Lichtschirm seltener wurden?
Heute bleibt die Mattscheibe dunkel. Du trinkst doch etwas, hat sie gesagt und mir ein Glas Port eingegossen, zu süß und zu billig. Sie selbst will nicht, hat Angst, sich an den klebrigen Trost zu gewöhnen.
Du weißt ja, ich war mal soweit.
Die Briefe fallen mir ein, die zittrige Handschrift: Komm doch, komm bloß einen Tag, ich kann nicht mehr, so allein...
Ich fand Ausflüchte, tippte Mut und Liebe und viel Arbeit. Zehnfingersystem, ganz geläufig. Nicht reinziehen lassen! Ich kam nicht.
Er hatte sie verlassen. In einem Brief hatte er es mir mitgeteilt; in seinem Amtsdeutsch fehlte nur die Floskel »ordnungsgemäß«. Für ihn schien alles in Ordnung, er hatte sie versorgt mit Haus und Garten und dem Nötigsten.
Ich war erwachsen, hatte keinen Anspruch mehr auf Vater und Mutter unter einem Dach.
Habe ich mir damals überhaupt klargemacht, wie das für sie sein mußte: allein in dem Reihenhaus, wo den Nachbarn nichts verborgen bleibt; die Frauen hinter den Scheiben, wenn sie die Ligusterhecke entlangging. Unverhohlene Neugier in jedem

Gruß, jeder Frage: Wie geht es Ihnen, lange nicht gesehen, verreist? Wollen Sie nicht mal rüberkommen?

Alle wußten es.

Sie wird niemandem ihr Herz ausgeschüttet haben. Frauen wie sie. Doch ihre Männer kamen am Abend zurück, kippten das Garagentor hoch, ließen es hinter dem Wagen mit einem Ächzen zuschnappen. Waren zu Haus, den Abend, die Nacht bis zum Aufbruch kurz nach dem frühen Frühstück.

Ein Leben lang war sie an diesen Rhythmus gewöhnt gewesen, kannte die Geräusche, die rechts und links von ihr in den Nachbarhäusern zur gleichen Stunde zu hören waren. Nur sie nahm nun jetzt nicht mehr teil an der abendlichen Geschäftigkeit in der Küche, an der wortkargen Mahlzeit in der Frühe. Sie brauchte sich nicht mehr zu beeilen.

Erzähl mir von deiner Arbeit, bat ich.

Da gibt es nicht viel, wehrte sie ab, Lochkarten, weißt du, was Lochkarten sind? Die paar Handgriffe lernt man schnell, aber das Stehen, das stundenlange Stehen!

Sie legte ihre Füße auf den Hocker, auf dem ich früher rittlings gesessen und gekippelt habe.

Sie sind nett zu mir, schloß sie mit einem schiefen Lächeln, das ist die Hauptsache.

Ich betrachte ihr müdes Gesicht: glatt, fast faltenlos, leer, als sei daraus etwas entwichen. Hatte sie keine Chance mehr, keine Hoffnung? Hatte sie aufgegeben?

Du könntest doch, fange ich an, aber als ich ihre schutzlosen Augen sehe, schweige ich. Sie kann eben nicht, nicht allein, und ich werde am nächsten Tag weiterfahren.

Das Gluckern ist laut, als sie mir das Glas noch einmal füllt, und als sie sich setzt, ächzen die Sesselfedern.

Weißt du noch, wie du in die Schule kamst, mitten hinein in den Unterricht? Sie schüttelt den Kopf. Wie du Fräulein Lehmann beschimpftest und wieder davonrauschtest, ehe die Lehmann

und die Klasse sich von dem Schreck erholt hatten? Damals hat sie noch Mut gehabt, denke ich, hat gekämpft, für mich.
Meine Tochter tut so etwas nicht! hast du gerufen, bevor du die Tür zuknalltest, weißt du noch? Die Lehmann hatte mich verdächtigt, die Zensuren im Klassenbuch verfälscht zu haben.
Jetzt lachen wir beide, zum erstenmal an diesem Abend. Ob ich ihr heute gestehen könnte, daß ich tatsächlich damals aus Dreien Zweien, aus Vieren Einsen gemacht hatte? Würde immer noch »eine Welt« für sie zusammenbrechen? Sie wird auch heute nicht glauben wollen, daß ich sie belüge, sie wird nicht wahrhaben wollen, daß ich schuld habe an dem Bruch zwischen Bernd und mir.
Was soll ich ihr jetzt erzählen? Die keineswegs originelle Geschichte von uns beiden. Soll ich ihr sagen, unsere Gefühle seien verschlissen, soll ich ihr bekennen, wie abgenutzt und ausgenutzt ich mir vorkomme?
Ihr paßt gut zusammen, hatte sie gleich beim ersten Besuch von Bernd gesagt. Er muß es gehört haben, es war mir peinlich. Schwiegermutteraugen strahlten ihn an. Er benahm sich ruppig wie gewöhnlich, gab sich nicht die geringste Mühe, ihr zu gefallen. Er ertrug sie wie ein kaum notwendiges Übel.
Morgen muß ich früh los, sage ich nun hastig und stehe auf. Ich wollte ja nur nach dir schauen, wie es dir geht, was du machst. Morgen fahre ich zurück.
Sie steigt die Treppe vor mir hoch, schwerfällig, als mache es ihr Schritt für Schritt Mühe, die Stufen zu erklimmen. Sie gibt mir das Bettzeug, hilft mir beim Beziehen.
Daß du nur so kurz bleibst, klagt sie. Sie setzt sich vor den Spiegeltisch am Fenster, entschlossen offenbar, zu warten, bis ich endlich anfange.
Ist es denn ganz aus zwischen euch? fragt sie und spuckt die Worte aus, als hätte sie seit drei Stunden drauf rumgekaut.
Ja, sage ich kurz, vorbei, tut nur noch weh. Ich schweige hart-

näckig, beiße auf die Lippen. Endlich steht sie auf und sieht mich an.
Das Nachthemd von Weihnachten hast du an, sagt sie glücklich, du trägst es also.
Es scheint sie zu trösten. Sie drückt ihre Hand leicht auf meine Stirn, wie sie es immer getan hat, wenn ich mit glänzenden Fieberaugen nach Haus kam.

SCHMERZFREIE DISTANZ

Als die Letzten der langen Reihe uns die Hände gedrückt hatten und Mutter endlich aufhören konnte, ihr Vielen-Dank-ich-danke-Ihnen zu flüstern, hakte sie sich bei mir ein. Wir gingen zuerst langsam, dann immer schneller an den welkenden Blumenbergen der frischen Gräber vorbei dem Ausgang zu. Erst jetzt merkten wir, wie kalt es war. Die Absätze von Mutters hochhackigen Schuhen knallten auf dem asphaltierten Weg. Ob sie so friert, daß sie sich ihre Füße warm stampfen muß, fragte ich mich, oder ist es ihre Entschlossenheit, die sie jetzt zeigen möchte?
Wir hatten beide gerötete Nasen. Unsere Mäntel sind zu dünn, sagte Mutter. Nach längerem Zureden hatte sie sich wenigstens einen schwarzen Hut gekauft. Das war aber auch alles für diesen Anlaß. Mit Schwarz bin ich gut versorgt, hatte sie gesagt, alles, was du brauchst, kannst du von mir bekommen. Sie schneuzte sich ausgiebig; jetzt, wo keine neugierig-mitfühlenden Blicke uns verfolgten, konnte sie wie gewöhnlich in ihr Taschentuch trompeten. Sie reckte die Schultern und hob den Kopf. Eine gebrochene Witwe sah anders aus.
Egal, was geschieht, Mutter wird immer ihre Haltung bewahren. Sie gehört zu den Menschen, die sich Schwäche nicht verzeihen. Ganz zum Schluß erst hat sie mich um Hilfe gebeten. Sie müsse endlich mal wieder eine Nacht durchschlafen, entschuldigte sie sich, es würde für mich nicht besonders schwierig werden.

Nachdem ich mich an das gleichmäßige Röcheln gewöhnt hatte, wurde es tatsächlich eine ziemlich ruhige Nacht. Vater erkannte mich nicht mehr. Ich hielt seine Hand, aber er spürte wohl nicht, daß ich und nicht Mutter neben seinem Bett saß. Ob er überhaupt noch etwas spürte? Ich nahm es Mutter übel, daß sie mich so spät erst wissen ließ, wie es um ihn stand. Ich wäre gern eher gekommen. Ich hatte immer gehofft, wir würden noch einmal miteinander sprechen können, eins der vielen langen Gespräche führen, die Mutter so oft verhindert oder gestört hat. Ich wollte Zeit haben, um Abschied zu nehmen, ihm noch einmal nahe sein. Mutter hat es verhindert. Wie immer hatte sie ihn eifersüchtig bewacht, sie wollte ihn bis zum Ende allein für sich.

In dieser Nacht empfand ich die Fremdheit zwischen Vater und mir; dieser zusammengefallene Körper schien nach Distanz zu verlangen. Seine gelblichen Wangen hatten sich mit einem schütteren graublonden Bart überzogen, er sah aus wie das Fell eines kranken Tieres. Mutter hatte es längst aufgegeben, ihn zu rasieren. Ich mochte ihn nicht umarmen. Er schien sich schon weit entfernt zu haben. Ich wollte den alten Mann, der mein Vater war, nicht stören auf diesem Weg, den er allein gehen mußte. Trauer um Versäumtes, Unwiederbringliches überfiel mich schon jetzt. So viel Gemeinsames würde nun unausgesprochen, ungelebt bleiben.

Er hat noch drei Tage gebraucht. Nachts kauerte ich in dem Ohrensessel neben seinem Bett, tagsüber versorgte ihn Mutter, und ich versuchte zu schlafen oder meine Unruhe in einsamen Spaziergängen zu bezwingen. Wir haben nicht viel geredet, Mutter und ich. Sie ordnete an, und ich fügte mich, ohne wie sonst zu widersprechen. Sie wußte, was zu tun war. Hilf mir, sagte sie, wenn Vaters Bett bezogen werden mußte, oder hol mir dies und jenes. Es war ein selbstverständlicher Dienst, den wir beide so gut wie möglich geleistet haben.

Im Parkrestaurant war jetzt ein opulentes Büfett aufgebaut. Mutter hatte alles bestellt. Um die barocke Fülle der Salate, Früchte, Fische, Braten und Saucen scharten sich die Gäste, als wecke allein dieser Anblick alle Lebensgeister und könne die Gedanken an den Tod vertreiben. Mutter zog mich von Gruppe zu Gruppe. Sie hatte ihr Lächeln wiedergefunden, es war eine Spur verhaltener als bei den üblichen Empfängen, zu denen Vater widerwillig ein paarmal im Jahr seine Geschäftsfreunde einlud. Sie waren fast alle gekommen – die letzte Ehre –, auch die wenigen Schul- und Sportkameraden, die Mutter um ihn geduldet hatte.

Der Sherry wärmte uns auf. An den runden Tischen wurde ein viel zu lieblicher Rheingauer ausgeschenkt. Vater hatte immer einen herben Elsässer getrunken. Dem Winzer war er treu geblieben, obwohl Mutter das Elsässer Essigwasser, wie sie es nannte, ungenießbar fand. Wir setzten uns erst, als alle ihren Platz gefunden hatten und die Stimmen längst nicht mehr belegt klangen.

Onkel Franz hatte uns zwei Stühle freigehalten. Mit Vater verband ihn nicht viel; eine gemeinsame Kindheit liefert für ein ganzes Leben nicht genug Vertrautheit. Vater war der Erfolgreiche, der Bruder profitierte davon, doch er hat es ihm geneidet. Wie viele der Trauergäste fühlte auch er sich jetzt verpflichtet, Mutter von seinem letzten Zusammensein mit Vater zu erzählen. Sie hörte nicht zu, ihr gefrorenes Lächeln war eine perfekte Maske. Wirklich? fragte sie ins Ungefähr, das sieht ihm ähnlich.

Mit Franz über Vater zu sprechen war eine Zumutung für sie. Sie erinnerte sich gewiß wie ich an die peinlichen Auftritte, die Betteleien, die Vater immer möglichst schnell hinter sich bringen wollte. Du mußt nicht herkommen, wehrte er ab, ich schicke dir den Scheck. Doch Franz bestand darauf zu erklären, warum und wie er wieder einmal in die Klemme geraten war.

Es ist alles geregelt, wies ihn Mutter mit einem Anflug von Verachtung zurück, als er ihr seine Hilfe anbot. Franz wäre der letzte gewesen, den sie um Rat gebeten hätte.
Und du? wandte er sich an mich.
Sie wird fürs erste bei mir bleiben, sagte Mutter.
Ich zuckte zusammen. Wir hatten überhaupt noch nicht darüber gesprochen. Zwei Tage, länger würde ich auf keinen Fall Mutter und mein Puppenzimmer unter dem schrägen Dach ertragen. Sie erwartete offenbar, daß ich zusah, wie sie in ihre neue Rolle hineinwuchs. Kaum anzunehmen, daß sie mich jetzt mehr brauchte als sonst.
Es war tatsächlich alles geregelt, für sie, für mich. Die Briefe würde sie mit ihrer klaren, flüssigen Handschrift allein beantworten. Sie hatte den Mann verloren, ich einen Vater, den sie für mich fast unerreichbar gemacht hatte. Wie sollte ich das vergessen? Zu gemeinsamer Trauer waren wir beide nicht fähig.
Nachdem die Platten leergegessen waren, leerten sich auch die Tische in fast unschicklicher Eile. Noch einmal Hände, die Mitgefühl in schmerzhaften Druck übersetzen wollten. Mutter, nun doch blaß und mit dunklen Schatten unter den Augen, stand an der Tür. Gleich überstanden, flüsterte sie mir zu.
Ich holte Vaters Auto vom Parkplatz. So schnell wie möglich nach Haus, darüber waren wir uns einig.
Während sie ein Bad nahm, schichtete ich die Scheite im Kamin auf, öffnete den Burgunder, der zusammen mit den Gläsern auf einem Tablett bereitstand. Wärme und ein schwerer Wein würden uns guttun nach diesem Tag.
Ich weiß nicht, warum mir jetzt ausgerechnet diese Szene einfiel: Ich muß damals etwa zehn Jahre alt gewesen sein. Ein glühender Sommertag, wir hatten Hitzefrei bekommen. Die Terrassentür zum Garten stand offen, so konnte ich unbemerkt ins Haus eintreten. Als ich die Flasche mit Mineralwasser aus

dem Kühlschrank holte, hörte ich das Stöhnen. Ich erschrak. Doch nun wurde das Stöhnen leiser, wie zufriedenes Seufzen hörte es sich an. Ich schlich auf Zehenspitzen an die Schlafzimmertür, die nur angelehnt war. Mutter lag nackt auf dem Rükken, sie hatte die Arme ausgebreitet, und Vater hatte seinen Kopf zwischen ihre Brüste gebettet. Ich war verwirrt und ängstlich, als sei ich bei etwas Verbotenem ertappt worden. Ich ließ meinen Ranzen auf der Terrasse und rannte unsere Straße entlang bis zu dem kleinen Park mit der Schaukel. Es war zu heiß für den Sandkasten und den Spielplatz, doch die Schaukel war im Halbschatten zwischen zwei Fichten angebracht. Niemand machte mir den Platz streitig. Stundenlang muß ich schaukelnd auf dem Brett gesessen haben; ich versuchte gar nicht, meine Tränen aufzuhalten. Zum Mittagessen kam ich zu spät. Doch es fiel kein böses Wort. Vater und Mutter tranken auf der Terrasse eisgekühlten Tee. Es war alles wie immer, nur ich war zum Mitwisser von etwas geworden, das ich nicht verstand. Ich fühlte mich schuldig und unterlegen zugleich.
Mutter hatte es sich in Vaters altem grauen Jogginganzug bequem gemacht und ihre rote Mohairstola um die Schulter gelegt. Erwartete sie, daß ich über eine tiefere Bedeutung grübeln würde? Sie hätte ja auch wie ich eine schwarze Strickjacke überziehen können. Ihre langen rotblonden Haare fielen ihr locker auf die Schulter. Sie sah jetzt wieder dem jungen Mädchen ähnlich, das Vater vor fünfundzwanzig Jahren geheiratet hatte. Ja, sie ist immer noch schön, dachte ich, niemals werde ich schön sein wie sie.
Übermorgen fahre ich zurück, sagte ich so laut, als wollte ich jeden Einspruch von vornherein übertönen. Aber sie sah mich über ihr Glas hinweg nur an. Vielleicht wollte sie meine Ankündigung nicht wahrnehmen. Sie paßte nicht in ihr Konzept.
Wir haben uns immer viele Gedanken über dich gemacht, begann sie jetzt mit der weichen Stimme, mit der sie mir früher

Märchen vorgelesen hatte. Unnötige Sorgen, fügte sie hinzu, ich traute dir wenig zu. Vater dagegen war dir gegenüber blind. Er sah dich nur im hellsten Licht. Seine Tochter seist du, seine, sagte er immer, als ob ich nicht auch beteiligt gewesen wäre.
Ob das die richtige Stunde sei, um alte Wunden aufzureißen, fragte ich mich. Ich wollte jetzt nicht antworten, weil ich wußte, wie unser Gespräch verlaufen würde. Ich stocherte im Feuer herum und schwieg.
Er hat so viel von dir gehalten, fuhr sie hartnäckig fort. Immer, wenn er merkte, daß ich nicht zuhörte, sagte er, dich hätte es interessiert. Du seist der ideale Gesprächspartner für ihn. Warum bist du so selten gekommen?
Ich sah sie erstaunt an. Hatte sie die Spannung tatsächlich nicht gespürt, die jedesmal in Vaters Arbeitszimmer knisterte, wenn er mir seinen neuesten Aufsatz zeigte oder wenn wir über seine Materialsammlung für eine Studie in der Fachzeitschrift diskutierten, während sie umständlich die Teetassen zwischen die Bücherstapel auf dem Tisch schob? Ständig unterbrach sie uns mit belanglosen Fragen; unter irgendeinem Vorwand gelang es ihr immer, uns zu stören und Vaters Engelsgeduld auf die Probe zu stellen. Mit ihm konnte ich über meine Probleme beim Studium reden, mit ihr nicht. Sie sah mich manchmal geradezu feindselig an, wenn ich auf der Lehne hockte, während Vater im Sessel saß und bedächtig Seite um Seite meines Referats umblätterte.
Sie hat mich immer als Eindringling empfunden, der ihre Zweisamkeit mit Vater gefährdete. Für sie war ich eine Rivalin. Ihre Liebe duldete niemand anderen in seiner Nähe. War es überhaupt Liebe, dieses eifersüchtige Inbesitznehmen? Wie oft hat sie mich hinausgeschickt. Ohne jede Beschönigung ließ sie mich wissen, daß sie mit Vater allein sein wollte. Wir haben etwas zu besprechen, sagte sie ungeduldig und bedeutungsvoll. Vater hat mich nie verteidigt. Dabei muß er doch gemerkt ha-

ben, wie sehr es mich verletzte. Nie protestierte er, wenn sie mich wegschob.
Sie begann damit, als ich noch klein war. Ich erinnere mich genau: Ich war gerade erst in die Schule gekommen, als ich wieder einmal ausgeschlossen wurde von einem Gespräch, bei dem es um wichtige Dinge gehen mußte. Ich schleppte mich die Treppe hinauf, als hätte ich Sträflingsketten um die Fußgelenke. Die Tür zu meinem Zimmer ließ ich offen; immer noch hoffte ich, gerufen zu werden. Stundenlang, so schien es mir, stand ich am Fenster und beobachtete, wie die Dämmerung unseren Garten allmählich in sanftes blaugraues Dunkel hüllte.
Ich muß wohl geweint haben und schließlich auf dem Lammfell vor meinem Bett eingeschlafen sein. Jedenfalls wachte ich auf, als Vater neben mir kniete und mit seinem sauberen Taschentuch meine Nase zu putzen versuchte. Er flüsterte und lachte nur ganz leise, als fürchte er, Mutter könne uns ertappen. Ich hatte die Arme um seinen Hals geschlungen und drückte mein Gesicht an seine bärtige Wange. Er streichelte vorsichtig meinen Rükken, als sei ich zerbrechlich. Komm, sagte er, wir wollen Abendbrot essen. Aber ich mochte nicht. Ich wollte, daß er bei mir bliebe, mich in der Dunkelheit weiter streichelte.
Aus der Küche rief Mutter nach uns. Vater knipste die Nachttischlampe an und sah sich wie ein Fremder in meinem Zimmer um. Ich weiß nicht mehr, ob ich mit ihm zusammen in die helle Küche ging oder ob ich, wie so oft, Übelkeit vortäuschte, weil ich nicht wieder in ihr Spannungsfeld geraten wollte.

Mutter hatte sich auf das Sofa gelegt, die Beine hoch auf die Rückenlehne, die Zipfel der roten Stola hatte sie über der Brust gekreuzt.
Schenk mir noch ein bißchen nach, bat sie und reichte mir ihr Glas. Am liebsten würde ich jetzt ein paar Tage verreisen, irgendwohin fahren – mit dir, sagte sie plötzlich.

Ich muß sie erschrocken angeschaut haben, denn sie lachte. Es war nicht ernst gemeint, versicherte sie. Aber schließlich fangen wir jetzt ein neues Leben an, wir beide. Eine Pause würde uns guttun.

Ich möchte zurück, sagte ich so entschieden wie möglich. Das Semester ist bald zu Ende, ich habe längst nicht alles geschafft, was nötig ist.

Sie wandte sich ab, ich sollte nicht bemerken, wie ihre Augen feucht wurden. Ein paar Tage noch, bettelte sie. Es ist noch so viel zu ordnen.

Doch ich schüttelte den Kopf. Ich wollte erst gar nicht die Illusion wecken, ich könnte auch nur einen Teil von dem ersetzen, was Vater ihr bedeutet hatte. Es war zu spät, wir würden uns nicht mehr näherkommen. Sie würde allein fertig werden. Ich war unfähig, sie zu trösten. Ich mochte die schmerzfreie Distanz nicht aufgeben, ich hatte mich an sie gewöhnt.

Ich werde dich öfter besuchen, versprach ich.

Ich weiß nicht mehr, wie lange wir schwiegen. Die Buchenscheite im Kamin waren zusammengesunken. Es war so still, daß ich Mutters gleichmäßige Atemzüge hörte. Sie war eingeschlafen. Ich holte die Pelzdecke aus ihrem Schlafzimmer. Vater hatte sie ihr einmal geschenkt, Fuchsfelle, die gut zu ihren Haaren paßten. Ich deckte sie behutsam zu, bevor ich leise die Treppe hinaufschlich in mein Kinderzimmer unterm Dach.

MEIN ALLES

Sie hatte sich auf ihr Bett gelegt. Freitagabend war sie meistens so erschöpft, daß sie sich kaum noch auf den Beinen halten konnte. Fünf Tage von früh bis spät Hetze zwischen den beiden Telefonen, der Schreibmaschine, dem Aktenschrank, dem Chefzimmer. Fünf Tage wechselnde Gesichter, Menschen, denen sie Auskunft gab, die sie vertröstete, hinhielt. Sie sehen blaß aus, hatte die Wegner gesagt, soll ich Ihnen etwas aus der Kantine holen? Sie hatte dabei gezwinkert: Was ist schon dabei, nur ein kleiner Aufmunterungsschluck!
Freitagabend – früher waren sie ausgegangen. Das Wochenende muß man feiern, hatte er verkündet und die beste Laune verbreitet. Wenn sie nicht mitkam, betrank er sich. Aber auch wenn sie dabei war, torkelte er oft nach Hause. Einmal in der Woche auf andere Gedanken kommen, nannte er es. Alkohol regt die Phantasie an. Die Zukunft lag dann wolkenlos vor ihm. Wenn wir erst mal... begannen seine Träume. Niemals ist er über dieses *Wenn-wir-erst-mal* hinausgekommen.
Später wurde Freitag ihr Kinoabend. Sie ging mit Rena in Filme, die das Kind kaum verstand. Freitagabend mußte sie etwas unternehmen, sie konnte nicht allein mit der Kleinen zu Hause hocken. Kino, vorfabrizierte Träume; sie hatte kaum eigene. Das Kind, Rena, sollte unbeschadet von der Lebenskatastrophe ihrer Eltern bleiben. Daß dem Kind nichts geschah, daß das Kind fröhlich blieb – nichts anderes wünschte sie sich.

Hinterher saßen sie in überfüllten Eisdielen zusammen mit Liebespaaren und Rudeln von Jugendlichen, die ihre Fäuste ständig in ihren Windjacken versteckten. Was hat dir gefallen? fragte sie, und das Kind, noch immer mit heißen Wangen, plapperte so aufgeregt durcheinander, daß sie lachen mußte. Auf der Heimfahrt in der Straßenbahn fielen Rena die Augen zu. Sie ließ sie an ihre Schulter gelehnt schlafen und hatte ein schlechtes Gewissen, daß das Kind wieder einmal zu spät ins Bett kam.

Sie stopfte sich ein Kissen unter die Kniekehlen und zog die Mohairdecke bis zum Kinn. Bis Montag würde sie sich erholen. Morgen schon würde es ihr besser gehen. Sie könnte mit Rena eine Ausstellung besuchen, nachdem sie den Wochenendputz hinter sich gebracht hatte. Morgen würde sie wieder frisch sein, und Sonntag könnten sie zusammen...

Rena kam, ohne zu klopfen, herein, küßte die Mutter flüchtig auf die Stirn und stellte sich vor den dreiteiligen Spiegel. Hab heut was vor, teilte sie mit und schwenkte den knöchellangen Bauernrock. Sind meine Haare richtig?

Anders jedenfalls als sonst, stellte die Mutter fest und betrachtete die frischgedrehten Zigeunerlocken in der dreifachen Spiegelansicht. Dieses Mädchen mit den großen grauen Augen im schmalen Gesicht war tatsächlich hübsch. Meine Tochter. Mein Alles, dachte sie und biß sich auf die Lippen, weil sie das Kind nicht mit ihren Besitzansprüchen belasten wollte. Die dünnen Arme, der zerbrechliche Hals, geradezu rührend, das Kind. Nimm mein Wolltuch mit, das paßt dazu, sagte sie. Wohin gehst du eigentlich?

Das Kind nestelte an seinem Samtgürtel, sah nicht einmal auf: Zu Udo, du kennst ihn nicht.

Feiert ihr bei ihm? fragte die Mutter so beiläufig wie möglich. Die Tochter schüttelte den Kopf. Sie stand noch immer vor dem Spiegel, zupfte an den Locken, prüfte Wimperntusche und

Lidschatten. Bißchen viel Farbe, dachte die Mutter und verkniff sich die Bemerkung.
Was ist dieser Udo denn für einer? fing sie wieder an und wußte sogleich, sie würde nicht mehr erfahren, als daß er *ein dufter Typ* sei. Gleich wird Rena sagen, ich solle nicht solche *Bettelaugen* machen, dachte sie. Aber es stimmt ja, ich bettele um ein paar Worte, um ein paar Sätze, damit ich mir vorstellen kann, wohin sie geht, mit wem sie zusammen ist.
Mach dich nicht so abhängig von mir, hatte Rena unlängst beim Frühstück gesagt, es bedrückt mich, ist mir lästig.
Sie war erschrocken. So hatte sie ihr Verhältnis nie gesehen – abhängig? Sie konnte es nicht bestreiten: Sie hatte sich ausschließlich auf ihr Kind eingestellt, sie arbeitete für Rena, sie lebte für sie, durch sie.
Rena hatte mit einem violetten Frotteehandtuch, das sie sich zu einem Turban um die dunklen nassen Haare gewunden hatte, am Küchentisch gesessen und sich die Nägel gefeilt. Der Bademantel klaffte bis zum Bauchnabel auseinander; es störte sie nicht; es gab keine Schamschwelle zwischen Mutter und Tochter.
Diesmal fahre ich nicht mit, hatte Rena ruhig und bestimmt gesagt und damit die Urlaubspläne, die die Mutter lange schon hegte, platzen lassen. Sie war aufgestanden und in ihr Zimmer gegangen, ohne sich umzublicken.
Gewiß doch, das Kind war fast erwachsen, sie würde sich daran gewöhnen müssen, daß es seine Wege ohne sie ging. Aber Urlaub ohne Rena konnte sie sich nicht vorstellen. Dann würde sie hierbleiben, hatte sie später mit kaum verborgener Bitterkeit gesagt, das Geld könne sie auch für eine neue Waschmaschine gut brauchen. Und jeden Tag der wortlose Vorwurf – das halt ich nicht aus! hatte Rena gesagt.
Willst du diesen Udo mal mitbringen? fragte die Mutter jetzt, du weißt doch, ich freue mich, wenn deine Freunde hier sind.

Rena drehte sich so rasch vom Spiegel fort, daß sich der Blumenrock bauschte. Der würde nicht die reine Wonne für dich sein, lachte sie. Weitere Erklärungen hielt sie nicht für nötig. Kann ich dein Geklimper aus Marokko haben? fragte sie beiläufig. Borgst du's mir?
Gewöhnlich nahm sie, ohne zu bitten, was ihr gefiel aus Schrank und Kommode. Du gibst es mir ja doch, sagte sie, und du bekommst es ja auch meistens zurück. Den Silberschmuck aus Marrakesch hatte sie sich noch nie geliehen. Da hängen zu viele von deinen Erinnerungen dran, hatte sie einmal gemeint und das Gespinst aus Silberdrähten und winzigen schwarzen Steinen wieder zurückgelegt. Heute schienen sie die fremden Erinnerungen nicht zu stören. Sie hielt den Schmuck in die Höhe. Große Klasse, sagte sie und schob das Schloß im Nacken zusammen.
Hör mal, begann die Mutter noch einmal, du könntest mir schon ein bißchen mehr erzählen. Schließlich leben wir zusammen, es ist mir nicht gleichgültig, was du tust.
Heute nicht, lachte Rena, keine Zeit! Morgen, morgen bestimmt; wenn alles vorbei ist, kriegst du's kalt angemacht.
Sie fiel ihrer Mutter stürmisch um den Hals und wirbelte hinaus. Auf der Straße hupte ein Auto: zweimal kurz, einmal lang.
Sie hörte Rena die Treppe hinunterspringen, zwei Stufen auf einmal, dann schlug die Haustür zu und das Auto fuhr an.
Sie ließ sich auf das große Kissen fallen, das sie beim Lesen im Bett in ihren Rücken geschoben hatte. Sie fühlte sich ausgehöhlt und schlaff. Sie hätte jetzt gerne geweint, wenn sie es sich nicht längst angewöhnt hätte, jede Regung von Selbstmitleid zu ersticken. Leer kam sie sich vor, verschlissen.
Rena würde sie bald überhaupt nicht mehr brauchen. Sie würde sich hüten müssen, durch Bettelaugen und Ausfragen oder gar Vorwürfe das Kind noch rascher in seine Unabhängig-

keit zu treiben. Mein Alles, dachte sie wieder einmal, und diesmal verzogen sich ihre Mundwinkel bitter. Die Wegner hatte recht: Ein paar Jahre brauchen einen die Kinder, dann hat man ausgedient.

Der Wegner und den anderen im Büro würde sie nun nicht mehr von dem idealen Verhältnis zwischen Rena und ihr erzählen. Es war offenbar nicht besser als das anderer Mütter, die auch nicht wußten, wo ihre Töchter hingingen und womöglich ihre Nächte verbrachten; wie die anderen hatte auch sie geschwiegen, in der Hoffnung, daß sich das zarte Pflänzchen Vertrauen wieder aufrichten würde. Wir haben keine Geheimnisse voreinander, hatte sie noch vor wenigen Wochen stolz im Büro erzählt, als besäße sie damit einen unermeßlichen Schatz.

Die Wegner, zehn Jahre älter als sie, hatte sie zweifelnd angesehen und das T-Shirt mit der Sonnenblume kopfschüttelnd gemustert, das offensichtlich erkennbar Rena gehörte. Mutter und Tochter werden niemals Schwestern, auch nicht Freundinnen, hatte sie lakonisch bemerkt.

Sie blätterte zerstreut in dem Taschenbuch, als wüßte sie nicht mehr, wo sie ihre Lektüre abgebrochen hatte. Sie würde es jetzt anders machen, es war noch nicht zu spät. Sie würde Rena ernst nehmen, auf Distanz gehen. Sie würde sich aussprechen mit ihr, ohne Bettelaugen, ohne Ansprüche, ohne Klammerversuche. Sie würde sie nicht mehr mit ihrer Opferbereitschaft belasten. Mein Alles war zuviel.

Sie wischte sich mit dem Handrücken die Augen, erstaunt, daß warme Tränen hervorquollen.